ツインレイが導く霊性進化ナビゲーション

愛と調和の5次元地球へパラレルシフト

Guruguru Yottsu

ぐるぐる・よっつ［著］

ヒカルランド

はじめに

目の前に二つの地球があります。

一つは、今までどおりの世界が続く地球。

相変わらずの競争社会で、大きな力や財力を持った人が世の中を動かしています。世界には戦争や飢餓や病気があり、環境破壊も進んでさまざまな問題が山積している中、人々は生きるために必死に働いていかねばなりません。特筆すべきは、この地球は今後さらに制限が強まっていくということです。

もう一つは、愛と調和に満たされた地球。

そこは波動やエネルギーが基本となっている世界で、すべては自分、すべては一つという意識が当たり前になっていて、法律やルールがなくても宇宙の調和から外れる行為をする人は見当たりません。人々は自然や動植物と共存しながら、自分の魂からやりたいことを生業として、全体へと寄与しています。

どちらの地球へ行きたいかと問われれば、多くの人は後者を選ぶのではないでしょうか？

喜ばしいことに今、地球は確実に愛と調和に満ちた世界へと向かっています。向かっているというのは語弊があるかもしれません。すでにその地球は今ここに存在していて、準備が整った人にはその扉が用意されているのです。

その扉を開くための鍵はたった一つ、スピリチュアリティ（霊性）を高めることです。

人生に起きるあらゆる出来事は、宇宙がわたしたちの愛を深め、霊性を高めるために起こしています。と同時に自分自身が望んで創造しています。

それを真に理解し、日常を目覚めのきっかけとして過ごしていければ、愛と調和に満ちた世界、その地球が目の前に顕れてきます。

それはただ単にそういう風に思える、感じるということではなく、実際にそういう現実、そういう世界が展開されていくのです。わたしたちぐるぐるとよっつもそれを何度も体験してきました

一見ネガティブにしか見えない出来事に、宇宙が指し示した光や愛を見出すことができたとき、わたしたちの魂は感動に打ち震えます。そのとき、わたしたちの霊性は格段にアップしているのです。

日常はちょっとしたモヤモヤやイライラ、落ち込みに溢れています。そういう些細《ささい》な出来事、そして時にはのっぴきならないほどの大きな出来事の中に『目覚めの扉』が隠されています。

これからは、ネガティブをダメなものだと信じて封印しなくてもいいし、そこから目を背けなくてもいいのです。仄暗い罪悪感や自己否定、それを贖《あがな》うための行動も要りません。

逆にネガティブを利用していくのです。

宇宙は些細な出来事を使ってあなたの光を思い出していってほしいと願っています。

スピリチュアリティや霊性がよく分からない、どうすればそれを高めていけるのかも分からないという方も、本書を読み進めていただければ、最後には霊性を高めるとはこういうことなのかという理解が自然と深まります。

新しい地球への扉は日常の中に無数に存在していることも実感できることと思います。

そんな風に日常から宇宙の愛に目覚め、霊性進化していくための手引書として本書を活用していただければ幸いです。

それでは一緒に愛と調和の地球に目覚める旅を始めていきましょう。

あなたはいつでも宇宙から愛されています。

ぐるぐる・よっつ

目次

はじめに 1

第1章 ふたりの出会い

プロローグ 18
わたしの結婚相手、ここにいた! 19
もしかしてツインレイ? 22
出会う前から魂は行き来している 27
どうして結婚できないの? 39
本当はどう生きたいのだろう? 43
潜在意識のパワーは六万倍 50
韓国不思議議浄化体験 52

古代韓国王朝時代の痛み　56
家探しで思い出した使命への回帰　63
魂の目的を生きれば必要なものは与えられる　66
息子のチャネリング　70
コラム① 教えて深緑さん！　75

第2章　パラレルとこの世の仕組み

パラレルとは？　80
マンデラエフェクトとパラレル移行　84
地球の波動の変化　101
エネルギーブロックによって違うパラレルを体験する　103
違うパラレルの母に変わっていた　105
些細な変化から見て取れるパラレルシフト　107
コラム② 教えて深緑さん！　111

第3章 あなたが今、その現実を体験している理由

生まれてくる目的と現実創造のしくみ　114

①魂と生まれてきた目的　115

②二極世界での必要なプロセス　118

③魂のシナリオ　120

④「思いが現実を創る」の思いはどこの思い？　122

⑤波動が現実を創る　124

コラム③　教えて深緑さん！　128

⑥創造主意識　129

コラム④　教えて深緑さん！　130

⑦大我と小我　132

なぜこのパラレルにいて、この現実を観ているの？　134

1．同じ周波数、共鳴するものがある　134

鏡・投影の原理 135
2. 自分が信じたもの、信じた世界を観ている 138
3. カルマ解消 141
「カルマの法則」は愛のシステム 141
宇宙は公平で平等 145
きかんきの強い息子にカルマ解消させてもらった 147
コラム⑤ 教えて深緑さん！ 153
4. その現実から学べるもの、得られるもの、磨かれるものがある 155
夫のDVによって蘇ったものとは…… 156
最悪と思えることも癒しと統合への布石 158
望みが叶わないからこその恩恵 162

第4章 3次元から5次元へシフトしていくために

今は3次元から5次元への移行期 168

3次元ピラミッド社会から5次元フラワーオブライフの世界へ 170
過渡期を乗り越える 173
コラム⑥ 教えて深緑さん！ 175
潜在意識をクリアにする 177
【浄化統合ワーク】 179
コラム⑦ 教えて深緑さん！ 181
エネルギーブロックは悪者ではない 183
日常の思い癖から大きな解放へ 184
なぜ、元夫は消えてしまったの？ 186
インナーチャイルドの癒し 190
質問が多い本当の理由 191
インナーチャイルドは泣いている 192
人知を超えた計らいに宇宙への信頼を深める 194
左脳的掘り下げで痛みの根っこを抜く 197
エネルギーボディから分かる感情の大元 197
【掘り下げメソッド】 Soul Message Reading Process 202

父のお葬式で言われた友人からの心無い一言 204
自我の抵抗感を乗り越え、ライトボディ化へ 211
コラム⑧ 教えて深緑さん！ 215

第5章 3次元マトリックスを抜ける

アセンションとパラレルの関係 220
コラム⑨ 教えて深緑さん！ 224
自動操縦・自動反応を抜けていく 226
同化に気づき観察意識で生きる 228
洗脳を抜ける 231
コラム⑩ 教えて深緑さん！ 234
人類は沈黙を奪われた 236
感情と自己価値 239
第三段階から第四段階への移行 243
あなたが求める幸せとは？ 243

「いいね！」を増やす前に自己回帰　245
霊性の時代　248

第6章　宇宙からの愛に気づくと最善のパラレルへ移行する

この世はバランス　252
どちらの極も受容して中庸へ　252
あなただけの黄金バランス　254
コラム⑪　教えて深緑さん！　257
会いたくない人とは会わなくてもいいの？　258
「鏡の法則」は自己受容と他者受容が同時に起こる　260
固定観念や常識を抜けると、可能性は広がる　261
「親孝行しなければ」からの卒業　262
宇宙の愛とは？　268
自分の中から分離したものを統合してパズルを完成させる　270

娘の場《ば》面《めん》緘《かん》黙《もく》症《しょう》 271
●これはきっと、わたしの問題だ 271
●酔って文句のような寝言を叫ぶ父 277
●人それぞれの誠実さ 279
●お話ししたよ！　もう大丈夫！ 281
過去の認識が変われば今も未来も変わる 282
父の自死前日の電話 283
●葛藤を残すことも愛 286
●あれほど憎んでいたのが嘘のよう 289
コラム⑫　教えて深緑さん！ 292

第7章　霊性を高める生き方

願望実現エリアから霊性進化エリアへ 294
全体への貢献、発展を望む段階へ 300
次元とは観方 303

地球＝自分 306
コラム⑬ 教えて深緑さん！ 309
わたしたちは愛の度数を高めるために生まれてきた 312
地球は愛を学ぶ学校 312
与えられなかったものが一番深めたいもの 315
父が教えてくれた僕が本当に得たいもの 316
ポケットティッシュから気づいた宇宙の愛 319
命懸けでメッセージを送ってくれていた娘 321
気づきと共に宇宙への信頼を育む 324
「気づき」が加わるとどんな体験も愛になる 327
母の株式投資失敗の恩恵 330
気づきのある人生、ない人生 333
コラム⑭ 教えて深緑さん！ 335
弟の引きこもり 338
人の目を見るのが怖い！ 338
生き切るだけで万々歳 341

誰が弟の面倒を見るの？　344
愛の演技　348
人生はタペストリー　350
誰もが自分の幸せのために生きている　353
『今』が最善　355
これからわたしたちが向かう世界　359
道しるべはすべて日常の中にある　361

おわりに　365

カバーデザイン　吉原遠藤（デザイン軒）
校正　麦秋アートセンター
本文仮名書体　文麗仮名（キャップス）

第1章

ふたりの出会い

プロローグ

この本を出版することが決まり、出版社ヒカルランドの石井社長とお会いしました。そのとき、石井社長はわたしたちを見て開口一番「あなたたちは、ツインレイですね！」とおっしゃったのです。

その一言で、忘れかけていた記憶が呼び覚まされました。

そうです。確かにわたしたちは出会った頃から周りの人たちにもそう言われていたし、自分たち自身も互いがツインレイであるという自覚を持っていました。

自己紹介がてら、まずはわたしたちふたりの出会いのストーリーについて触れていこうと思います。

※当時はツインレイという言葉はまだ一般的ではなく、ツインソウルという表現でしたが、厳密な意味

は異なっていても、ほとんど同義ということで、この本の中では、ツインレイで統一したいと思います。

わたしの結婚相手、ここにいた！

わたし、よっつは商社に勤めるかたわら、スピリチュアルな視点で綴ったブログを書いたり、天然石アクセサリーの創作販売をしたり、さらに休日はカフェでスピリチュアルセッションをしたりしていました。

ある日ブログに、「すごく共感しました」という内容のコメントが入りました。その人の名前は「ぐるぐる」と書いてありました。

「ぐるぐる？　何だか変わった名前だな」と思いました。しかし、そのコメントを入れた人物こそが、後の夫となる彼だったのです。

コメント欄の名前のリンクをたどってわたしは早速彼のブログを見にいきました。

そしてそのブログを開いた瞬間、なぜかは分かりませんが衝撃が走り、

「わたしの結婚相手、ここにいたんだ！」と分かってしまったのです。

ブログの中身を読んだわけでもなく、プロフィールを見たわけでもありません。ただ開いただけではっきりとそう感じてしまったのです。

昔から直感はとても鋭いほうなのですが、ここまではっきりと分かったのは初めてでした。すぐに何人かの友人に連絡し、彼のブログを見てもらい「わたし、きっとこの人と結婚すると思う。今からブログでコメントのやりとりをして人となりを見ていくから、いっしょに見守ってね」とお願いしたのです。

直感的には間違いなかったのですが、理性的に彼の人となりを観ることは大切なことだと感じていました。

友人たちも驚いたものの「確かによっつととても波長が合いそう！」と言って、温かく応援してくれたのでした。

「結婚相手だ」と直感したものの、彼が独身なのかも、彼女の有無も分からない状態です。分かっているのは、プロフィールの小さな写真と奈良在住ということだけ。

でもブログの内容は、読めば読むほどわたしと同じ視点のスピリチュアルであることが分かりました。アプローチの仕方が違うだけで、まるでもうひとりの自分が書いているのかと錯覚を起こすほど、そのメッセージは同一のものだったのです。

ますます、この人と結婚したい！　強くそう感じたのでした。

順調に互いのブログにコメントをつけたり返したりを二カ月ほど繰り返していたある日、ひょんなことからメールの交換をするようになりました。

わたしが彼のブログに入れたコメントが、何の手違いなのか二重に入ってしまったのです。一つは削除してもらおうと思ったのですが、それをお願いするには、もう一つコメントを入れなければなりません。同じ記事に三つも続けてわたしのコメントが入るのは、なんだか申し訳ないような気がしました。

それにこれは、宇宙（天）からの後押しだとも感じました。

「これは偶然じゃない、きっとメールしなさいってことね」

これまでのコメントのやりとりでますます彼のことが好きになっていたし、きっと独身だろうと感じていました。本当は会いたくて仕方がなかったのですが自分からそれを伝える勇気はなくて、「会いたい」ということは書かずに送りました。

でも、その日のうちに彼から返ってきたメールには、

「よっつさんとはいつか会いたいと思っていました。

いつかお会いできれば、と思います」

と、最後に控えめに書いてあったのです。

彼もわたしに会いたいと思ってくれていたのです！

わたしにはその二行が光って見えました。

もしかしてツインレイ？

ちょうどその頃、わたしはブログ上で「ツインレイ」という魂の片割れ、運命の相手について書いていました。

当然、彼はわたしのブログを読んでいたので、ふたりの間で、にわかに「ツインレイ」という言葉が浮上していました。密かに「わたしたちはツインレイなのかも」という意識が互いに芽生えてきたのです。

そしてある日の彼のメールには「ツインレイのよっちゃんへ」と書かれてありました。

このことをきっかけにわたしたちは、とてつもなく盛り上がっていったのです。

毎朝、携帯に彼から動画が届くようになりました。それは僅か五秒程度の動画なのですが、いつもおもしろい顔をしたり、笑えることを言ったりしているとてもユーモアたっぷりのものでした。毎朝それが届くたびに、心の中に温かさと共に甘酸っぱいときめきが広がりました。

でもまだこのときわたしたちは実際には会っていません。

メール交換しかしていない時期だったのにもかかわらず、互いに「わたしたちは結婚する！」という意志を確かめあう仲になっていました。

このように書くと、なんとまあ思い込みのはげしいイタいふたりなの？　という感じなのですが、わたしたちは普段は決してそんなタイプではないのです。お互いどちらかと言えば理性的で、親しくなるまでにじっくりと時間をかけるタイプでした。よほど口では説明できない何か運命的なものを互いに感じ取っていたのでしょう。

この頃、電話でも毎晩のように話すようになっていました。

会ったこともないわたしたちが毎晩電話で二時間以上も話していたのです。不思議とすべての価値観やフィーリングがピッタリで、話が尽きることはありませんでした。

彼はその頃よくこう言っていました。

「まだ会ってないなんて信じられない。もうオレたちは出会って結婚して生涯を終えて魂になって、その時点から今を見ているような、そんな不思議な感覚がする」

「まだ会ってないのかい？　うんうん、今を楽しめよ、と言っている気がする」と。

わたしにもその感覚はよく分かりました。

時空を超えた魂が、互いの存在を知りえたことを喜びあうふたりを見て、エールを送っているという感じでしょうか。

魂は、その人の過去も未来もすべて知っています。ですから、今回の人生のハイライトの一つである『ふたりが出会ったこの瞬間』をわたしたちの魂自体も楽しんでいて、その感覚がわたしたちに伝わっていたのかもしれません。

そんなわたしたちの合言葉は、

「こうやってコンタクトをとれたことがすごいよね、本当にすごいよね」でした。

いったいどのくらいぶりに出会えたのだろう？

きっと過去生でも何度も何度も一緒に転生していたに違いない。今世こうやって会おうね！　と約束していたのだ。

そんなことに思いを馳せていると、懐かしく愛おしい気持ちは増すばかりでした。


わたしたちにはシンクロニシティがたくさんありました。

わたしは大阪、彼は奈良に住んでいたのですが、その二年前にできた高速道路のお陰で、車では三十分ほどの距離にいたのです。インターネットという世界的規模のツールで出会ったにしては奇跡的な近さです。

そして、持っている本が殆ど同じ。

おまけに持っているけれど読んでいない（途中で挫折した）本までもが何冊も同じ。

休日によく行っていたショッピングモール（互いの家からかなり離れた場所）が同じ。

彼は会社の研修で何度もわたしが勤めていた会社のビルに来ていました。もしかするとすれ違っていたかもしれません。

スピリチュアル系メッセージブログを書き始めた時期もほぼ同じ。

そしてなんと、今部屋に飾ってあるカレンダーまでもが同じだったのです！　そのカレンダーはどこにでも売っているという類のものではないので本当に驚きでした。

この頃、わたしは「越智啓子先生と行く沖縄八重山諸島をめぐるスピリチュアルツアー」に参加しました。

越智啓子先生は精神科医であり、過去生療法やクリスタルやアロマ、ヴォイスヒーリングを取り入れた治療法によるカウンセリングを行い、たくさんの患者さんを癒されています。また全国各地で講演を行い、ご著書もたくさん上梓されていらっしゃいます。

2003年に先生のヒーリングスクールを受講して以来懇意にしていただいていたわたしですが、半年くらい前からお会いするたびに、

「よっちゃん、彼氏できた？」と聞いてくださっていたので、早速報告をしました。

「先生、まだ会ってはいないけど、すごくいい感じでメール交換している人がいるんです」

と言うと、少しエネルギーを感じているような間があって、

「その人、間違いなくよっちゃんのツインレイよ！　おもしろくて優しい人ね！」と言われたのです！

ちょうどツインレイの記事を書いて、二人の間でもツインレイかも？　という思いが高まっているときだったのでびっくりしました。

でもまだ実際には会っていなかったし、過剰に期待するとうまくいかなかったときのショックに耐えられないと感じたわたしは牽制するように、

「啓子先生、まだ会ってないので、そんなに期待させないでください」

と笑いながら言いました。

すると先生は、

「何言ってるの！　間違いないんだから！　よっちゃんの鼻息までハート型なのよ！」

とおっしゃったのです。

その場にいたツアー参加者のみなさんから「うわ〜」と歓声が上がって、一斉に拍手していただいたことを覚えています。

出会う前から魂は行き来している

後々先生に伺ったところ、わたしたちが出会う半年以上前から彼の姿を感じていたそう

です。

実は別のスピリチュアリティの高い友人にも、啓子先生が感じていた2005年9月くらいから、

「よっちゃんの横に背の高いスーツの似合う男性がいるよ。顔は分からない。まだ準備ができていないから顔は見せることができないって言ってるよ」

と言われていました。

確かに彼はそのときはまだ準備ができていなかったそうです。

当時の心境を彼にも振り返ってもらいました。

当時まだ僕には別に付き合っている人がいたのですが、ちょうどそれくらいの時期からお互いに気持ちのズレが出てきて疎遠になっていきました。

そして、なぜかスピリチュアルな世界への興味が湧いてきて、まるで何かのスイッチが入ったように、そういった本をむさぼるように読み始めたのです。

今思えば、それは彼女と会うための準備が始まっていたのだと思います。

不思議な話です。

これらのことを考えると、実際出会う少し前から互いの魂は行き来し、見守っているのですね。

余談ですが、彼がまだ準備ができていないから顔は見せられないと友人から聞かされたわたしは、「いい加減に早く出てきてよ！」と見えない彼に向かって怒って言ったことがありました。

そうやってまだ見ぬ未来のパートナーに向かって思いを送る、または「さっさと出て来いや～」とキレてみるのも効果があると知っていたからです。

そうすることで、思いをはっきりさせる、宇宙に意図することになるのです。

沖縄で啓子先生に「ツインレイよ」と言われたことを、早速彼にメールしました。

彼からも「やっぱりそうだったんだ！　オレたちはツインレイなんだ！」という感激した返事が返ってきました。

沖縄ツアーから帰ってきて、とうとう彼と実際会う日が近付いてきました。

「ツインレイですよ」という宇宙のお墨付きをもらっていても、実際会うとなるとすごい緊張感でした。

いくら電話で気が合っているといっても、実際会って嫌われたらどうしよう、もう立ち直れない、わたしのほうが年上だし……などと不安な思いは尽きません。「実際会って嫌われるくらいなら、このまま会わないほうがいいんじゃないか」なんて、今思えば笑い話のようなことも考えていました。

その不安を彼に打ち明けたところ、

「そんなことはあり得ないよ」と手を変え品を変え、様々な表現を駆使してわたしを安心させてくれました。

彼のその必死な言葉に安心したわたしは、ようやく実際に会う心の準備ができたのでした。


ここでも、彼のほうの心境を書いてもらうことにします。

彼女のブログを見つけたとき、何だか他の人のブログとは違う印象を受けました。まるで同志に出会ったような、とても懐かしい印象を受けたのです。これはすぐにコメントを入れて僕の存在を知ってもらわなければ！　と焦ってコメントしたのを覚えています。

僕のブログをひと目見て、彼女は結婚相手だと直感したようですが、僕のほうでもそれに近いエピソードがありました。

彼女が僕のブログに入れてくれたコメントを読んだ親友が、

「このよっつという子は、いいコメントを入れてくれているよね。ひょっとするとお前、この子と結婚するんじゃない？」と妙なことを言ったのです。

それに対して僕も「ああ、確かにそうかもね」と普通に返答していました。今思えば、とても不思議な会話だったなと思います。

僕も心のどこかで彼女が運命の人であることを分かっていたのかもしれません。

メールのやり取りや電話で話すうちに、本当に共通することが多くて驚きました。

そして何よりも驚いたのは今まで付き合った人には感じられなかった僕と彼女との壁のなさ、自分がいいと思えるもの、面白いと感じることなどが本当にぴたりと一致していて、まったく気を遣わずに、本当に昔からずっと知っている親友のように何でも話せることでした。

まるでもうひとりの自分に出会ったかのような、そんな感覚だったのです。

ツインレイという言葉は、何となくは読んだり、聞いたりしたことがあったのですが、詳しく知ったのはその頃でした。

彼女が「ツインレイ」に関するブログを書いていたとき、偶然にも僕もそれがテーマの本を読んでいたのです。それを読んで、ひょっとすると僕と彼女はそうかもしれないという思いが、にわかに湧いてきていました。そして、日に日に早く会ってどんな人なのか確かめたいという思いが増していったのです。

ある日、ちょっとした事件が起こりました。彼女が越智啓子先生と行くツアーで沖縄へ行っているときです。

僕は仕事から帰って来て自宅の駐車場に車をとめました。普段ならすぐに家へ入るのですが、なぜかその日は座席のシートを倒してちょっと休もうと思ったのです。そして、そのままウトウトし始めてしまいました。

と、そのとき、突然動悸が激しくなったのです。

「うっ、何だ、これ……」

あまりの動悸の激しさに息もまともにできず、僕は焦りました。動悸はどんどん早くなっていきます。だんだんと意識が遠のいていくのが分かりました。

「やばい……このままだと死んでしまう……」

朦朧としながらも、僕はあることを思い出していました。

あれは確か中学２年生の夏だったと思います。

暑苦しくて目が覚めた僕は、もう一度寝ようと目をつむりました。そしてウトウトし始めたそのとき、突然、脳天に響くようなある声が聞こえたのです。

『お前は三十二歳で死ぬ』

びっくりして僕は飛び起きました。

「三十二歳で死ぬ？　まさかな……。きっと夢に違いない」

そう思いながらも、夢にしてはとてもリアルで魂に響くようなその声を、何度も心の中で思い返していました。きっと疲れているだけで、そのうち忘れるだろう。そう自分を納得させて眠りにつきました。

あれから十八年。僕は三十二歳になり、そういえば昔そういうこともあったなぁと思い出していました。でもまさかこんなに元気なのに死ぬことはないだろうと思っていたのです。しかし、今現実にそれは起こりつつありました。動悸はますます激しくなっていきます。

「このまま死ぬのかな……」

そう思ったとき、ふと彼女のことを思い出したのです。

「そうだ、僕はまだ彼女に会っていない！　会わずに死ぬなんて嫌だ、絶対に、絶対に死なないぞ！」

そう強く念じた瞬間、なんとピタッと動悸が治まりました。そして僕は、ハッ！と悪夢から目覚めるように起き上がったのです。

「生き返った……」

まだ死んではいなかったのですが、そう思いました。

いったい何だったんだろう？　荒い息を整えながら僕はしばらく呆然としていました。すると、そのとき、彼女から携帯にメールが入ったのです。

『啓子先生がわたしたちふたりは間違いなくツインレイだって！』

ええ!?　ツインレイ？　やっぱり！

さっきの出来事のことも忘れて僕は喜びました。

もうひとりの自分がいるかのような普通ではない感覚はやっぱり魂の片割れ、ツインレイだったからなんだと納得し、喜びのメールを返信しました。ついでに先ほど自分に起こった出来事の報告も兼ねて。

彼女はとても驚いて心配していましたが、「じゃあ、わたしが助けたのかもね」と無事を喜んでくれました。確かにそうです。あのまま彼女のことを思い出さなければ、僕は死んでいたかもしれません。

後に、あるチャネラーの方に「あなたは三十二歳で死ぬ予定だったけれど、彼女に助けられていますね」と言われたことがあり、とても驚きました。

余談ですが当時、僕の手の生命線はとても短かったのですが、彼女と出会ってしばらくして改めて見てみるとなんと手首のほうまで生命線が伸びていたのです。

人生を前編と後編で分けるとするなら、きっとここが僕の人生の前編が終わった節目だったのでしょう。ツインレイの片割れである彼女を見つけるまでが前編で、ツインレイと出会いふたりで一つとして生きていく人生が後編です。

死にかけて目覚めたときに、ツインレイだと教えられたことにもきっと意味があったのだと思います。

そういう意味では、確かにそれまでの僕は「死に」、そして新たに別の人生を歩みはじめるために、格好良く言えば、「再誕生」したのだと思っています。

そんな出来事を乗り越え、ようやく彼女と会える日が訪れました。

待ち合わせ当日、わたし、よっつの心臓は爆発しそうなほど緊張していました。でもすでに待っていた彼を遠目に見たとき、「思っていたとおり素敵な感じの人」と、とても嬉しくなったのを覚えています。

そして「はじめまして」の挨拶を交わしたとき、瞳に懐かしい輝きを感じました。彼も緊張した面持ちだったのですが、それは一瞬でゆるみ

「やっと会えたね（過去生からのときを経て）」と優しくハグしてくれたのでした。初対面でハグするなんて、普通では考えられないことなのですが、ふたりの間ではそうすることのほうがむしろ自然な流れだったのです。

そしてその日から三カ月経たずして、わたしたちは結婚したのでした。

現在、結婚して十八年経ちますが、彼と出会うことができて本当に良かったと今でも日々感じています。

一緒になることで、ようやく本来の自分自身になれたという感じがするのです。

たとえて言うなら、ジグソーパズルの欠けていた1ピースが埋まったかのような感覚です。

互いのスピリチュアルブログを通して出会ったわたしたちが、これだけスムーズに一緒になることができたのはツインレイであったことが大きいですが、今世ツインレイと出会わせてもらったのは、役割があるからだと感じていました。

それは宇宙が「ふたりでスピリチュアルな仕事をしていきなさい。ふたりで力を出し合ってやっていきなさい」と背中を押してくれているのだと思い、結婚してから二年後に彼も会社を辞め、共にこの道を歩み出したのでした。

最初の活動は「ツインレイとの出会い」と銘打った講演会でした。そこではわたしたちの出会いの話、ツインレイと出会うための奥義などをお話ししました。

とても好評で、遠方からもたくさんのお客さまがいらして下さり、なんと三回も開催したことが今でも感動の思い出として心に残っています。

どうして結婚できないの？

ここまで読まれた方には、よっつはスムーズにツインレイに出会ったラッキーな人だと思われるかもしれませんが、実際はまったくそうではありません。

大学を卒業して商社に勤めたのですが、仕事は充実していたものの、それが本当にやりたかったことではなかったので、どこかで焦りを感じていました。

仕事が終わるといろいろな習い事をしながら自分の活路を見出そうともがいていましたが、何をやっても長続きせず、すぐにイヤになりました。なんて自分は根気がないんだろう？　と呆れるばかりでしたが、昔から自分に嘘はつけない質だったので、これはよほど好きなものを見つけないと無理だなとも思っていました。

そんなときに一冊の本とめぐりあいます。

ブライアン・L・ワイス博士の『前世療法』という本です。

わたしは小さい頃から不思議な話が大好きでした。神様とか天使とか魂とか祈り、そういう目に見えないものを愛してさえいました。そしてこの世には、何か大いなるものの意思がありわたしたちは生かされているのではないか、と漠然と感じていました。

この本は、まさにそんなわたしの思いに答えをくれ、「スピリチュアル」という名の扉を開けてくれたのです。

それからは、むさぼるようにたくさんのスピリチュアル系の本を読みました。そして今まで分からなかったたくさんのことが分かるようになりました。

わたしたちの本質は何度も生まれ変わっている魂であって、そのたびに違う役割を演じ、さまざまな体験をしているということ。体験し気づきを得ることで、愛を学び霊性（スピリチュアリティ）を上げているのですね。

自分が生まれてきたことに意味があることや、この世では「充実した人生を送る」とか「成功する」こと以上の魂の目的があることも理解できるようになりました。

そしてこの宇宙において、意味のないことは起こらないということも。すべてが必然であり、わたしたちは生まれる前にあらかじめ人生のシナリオを描いて生まれてくるのです。

この頃はまだスピリチュアルと現実世界を分けて考えていたので、スピリチュアルな本を読んで心からの喜びを感じたり、現実世界に戻ったりを繰り返していました。

スピリチュアルは好きだけど、仕事にしたいという思いはまったくなく、相変わらず自分の魂が喜ぶ仕事を探し続けていました。

それでも中々見つからず、じゃあとりあえずそろそろ結婚に向かって動き出すか！　と思った三十歳くらいのときから、なぜか出会って良い感じになりそうだった人や、付き合った人が連続で突然音信不通になっていきました。あまりにも続くので本当に意味が分かりませんでした。しかも相手のほうから言ってきてくれたのにもかかわらず、付き合いが深まる前に消えていくのです。

そういうわけで相手もおらず、出会いの場に行っても好きになれそうな人すらまったく見つからず、虚しさが募っていきました。

周りの友人たちはどんどん結婚して子育てしているのに、自分だけ出遅れてしまった感がありました。

どうしてわたしはうまくいかないのだろう？
何か自分では気づいていない重大な欠点でもあるのだろうか？
性格を直さなきゃいけないのかも。
好みがうるさすぎるのかな……。

縁結びの神社に行ったり、占い師めぐりもしました。友人たちとの会話はいつも「なんで出会えないんだろう？」とそればかりでした。

結局、自分の好みを変えることはできないし、コンパなどに精を出してはみたものの、そういう場は不向きだと分かっただけ。きっと無理をして頑張っていたのでしょう。すごく疲れてきたのです。身も心も憔悴してくるという感じです。
理想と思えるようなカップルも正直周りには見当たらないし、そんなに無理して結婚しなくてもいいような気がしてきました。それにわたしは、愛は長続きしないという思いのほうが強かったのです。

今思えば、仕事に対しても没頭するほどの情熱はなかったし、やりたいことも見つけられずにいたので、ここは世間の波に乗って結婚でもするしかないかという安易な気持ちだったのです。

でも、結婚するならめちゃくちゃ愛する人とじゃないとダメだ！　ということだけは強く思っていました。友人たちは、そこまで好きじゃなくても子どもの良いお父さんになってくれそうな人ならいいじゃない、とアドバイスをくれましたが、わたしにとってそれは到底無理な話だったのです。

本当はどう生きたいのだろう？

結婚のために頑張ることに疲れ果てたわたしは、またむさぼるようにスピリチュアルな本を読み始めました。

そして、わたしが結婚できないこと、今こんなにも空虚な思いを抱えていることにも意味があるということを強く再認識しました。

それどころか、そんな状態だったからこそ今までは時折本棚から出して愛でるくらいで、どこかぽわ~んとしていた『スピリチュアル』というものを日常に取り入れることができるようになったのです。

思い悩み、心が痛むときこそ魂が「ここに気づいて成長しよう！　もっと幸せになろう！」とチャレンジしているときです。

「結婚できない」というのは、とてもすばらしいきっかけです。ここにはとても大きな学びがたくさん隠されています。

自分自身というものにイヤでも向き合うことになるし、周りからの圧力や、幸せになっていく友人たちへの嫉妬や羨望とも対峙しなければならないでしょう。結婚は自分にとってどういう意味があるのかや、当たり前のレールを外れる恐怖心も湧き上がるかもしれません。

「わたしは本当はどう生きたいのだろう」
「本当にやりたいことって何だろう」
「わたしにとっての幸せって何？」
そういう思いを抱きながら、自問自答を繰り返す中で気がついたことがありました。

今の自分が幸せでなければ、たとえ結婚しても幸せにはなれないだろう。ましてや誰かに幸せにしてもらおうなんて何か違う気がする。

結婚とは、自分の心の不足を埋めるためにするものではなく、自分の中から溢れる愛をもうひとりの人と分かち合うためにするもの。与えてもらうためにするのではなく、お互い与え合うためにするものだということを思い出したのです。

そう、まさに「思い出す」という感じでした。

今は、多くの人が『霊性に目覚める時代』だと言われています。

うまくいかないことで、最初は外へ外へと頑張っていた心が、やがて自分自身の内面を旅するようになります。魂がそういうシナリオを描いてきたからです。

「今世は、もっともっと成長したい！」

そう願った魂（あなた自身）が、わざとうまくいかないように設定し、どうぞ気づいてくださいと祈りを込めて描いてきた「魂のシナリオ」がそこにあるのです。

わたしはうまくいかなかったことで、それまで以上に自分自身を見つめることができました。たくさんの友人たちとスピリチュアルな分かち合いをすることで、どんどん気持ちも自由になっていきました。

焦るのはやめて、もう結婚してもしなくてもどちらでもいい、それよりも今できるやりたいことをやっていこうと思い、大好きなクリスタル（天然石）のアクセサリーを作るために、友人の彫金教室に二カ月ほど通いました。

そして、自分でデザインしたものを作り始めました。

それを毎日会社に着けていくと、周りの人たちから「売ってほしい」と言われるようになりました。「ホームページを作って販売したら？」とアドバイスをくれる人もいました。

するとホームページを作ってくれる人も現れ、そこで販売するようになりました。個展も開きました。ありがたいことに飛ぶように売れたので、会社から帰ってくると毎日毎日デザイン画を描いて夜中まで作り続けました。

時には友人たちと夜中までずっとスカイプ（当時はZOOMはなかったのです）で大笑いしながら話し込むことで、わたしの心は喜びの周波数を上げ続けました。

そのアクセサリーサイトの中で、スピリチュアルエッセイも書き始めました。実はこれこそが一番やりたかったことだったのです。わたしは小さい頃から書くことが好きで、作家やエッセイストに憧れていました。それとスピリチュアルが融合したのです。

友人たちにもスピリチュアルな目線からの捉え方をいつも話していて、「よっつ先生のセミナー開いたら？」と冗談で言われていたほどですが、しばらくするとわたしの中でも、まったく知らない赤の他人にもこういう話をしてみたい！　という思いがムクムクと湧いてきました。

ホームページで募集してみよう！　と決めると、まだ募集を載せていないのに「会ってお話を聞かせてください」というメールを読者の方からいただき、わたしの土日スピ活動は始まりました。

そうやってわたしの人生は大きく変わっていったように思います。本当に好きなことを表現することと発信することで心が満たされ、その後、開設したブログを通して生涯の伴侶となる彼とも出会いました。

すべてはうまくいかなかったからこそ、たどり着けた道だったのです。

突然音信不通になった元彼たちもカルマ解消のために現れてくれた相手で、その人たちとうまくいっていたら、今のわたしはきっといないでしょう。うまくいかないことがシナリオだったのです。

彼らは、わたしがツインレイの伴侶とできるだけ波動が調和した状態で出会えるよう浄化に協力してくれたソウルメイトたちでした。

実は彼らはわたしがフランス貴族の過去生のときに囲っていた若いツバメ（愛人）たちだったようです。そのときの過去生では政略結婚で夫婦仲は冷え切っていました。わたしは若い愛人に飽きると「あなたはもういらない」と突然切っていたようです。

今回の人生では、彼らのほうから突然わたしの元を去ることでカルマ解消が為されたのでした。それと同時にわたしに葛藤をもたらしてくれました。その葛藤がわたしを内面に向かわせてくれたのです。

彼との結婚を決めたときに、消えた元彼の一人から連絡がありました。元彼はわたしがちゃんと縁を切るために再度連絡をくれたのです。それまでのわたしは、自分から別れを告げることが苦手でした。それはフランスの過去生でバンバン関係を断ち切ってきた罪悪感のせいです。今回は過去生の罪悪感の影響を受けず、自分の意志を伝えることで魂は中庸に入ろうとしていました。元彼はそれを完了させるために一役買ってくれたのでしょう。もちろん魂の約束なので、元彼の表面意識は知りません。

わたしは「結婚しようと思っている大好きな人ができたから」と断りました。元彼からは「幸せになってね」と返信がありました。

この作業もわたしの浄化には不可欠なものだったのです。

その元彼とのことは後日談があります。少し不安定な人だったので「幸せになってくれたらいいな」と思っていましたが、数年後、大阪の某ホテルでわたしたちが結婚式の打ち合わせをしているときに、聞き覚えのある声が聞こえるな、と辺りを見回すと、なんと隣のブースに彼がいたのです。彼も結婚が決まったようで彼女といっしょに結婚式の打ち合わせをしていたのでした。

わたしは息子を産んでしばらく経ってから結婚式を挙げたので、まさかのタイミングで相まみえたのです。

宇宙が「彼も幸せだよ」と教えてくれたのですね。

潜在意識のパワーは六万倍

ここで、潜在意識の話をしたいと思います。

普段わたしたちが認識している意識は「顕在意識（表層意識）」と呼ばれる領域です。これは全体の5％ほどに過ぎません。まさに氷山の一角です。意識の95％は「潜在意識」という無意識層が占めています。

潜在意識には過去・過去生からのあらゆる記憶が蓄積されていますが、ポジティブな記憶はしっかりと味わいつくして（消化されて）いるので、すでに光となってあなたの本質（超意識）に統合されています。

ですがネガティブだと判断した記憶は、否定的な視点でしか捉えられていない上に、無意識に封印したり麻痺させている場合がほとんどなので、光に還元されることはなく、岩のように固まって潜在意識に滞留しています。

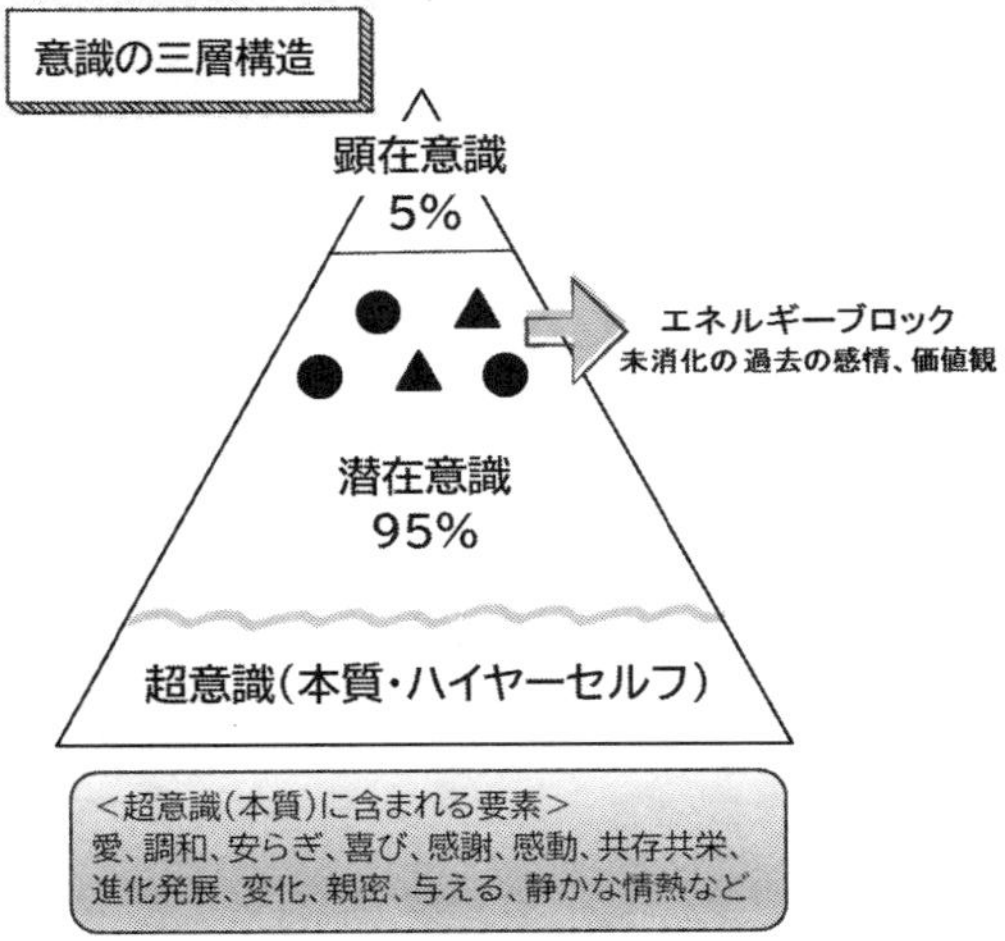

この未消化のネガティブな記憶、それに伴う感情や価値観、観念、これらすべてを「エネルギーブロック」といいます。エネルギーブロックは、過去生でインプットしたものがほとんどです。

そして潜在意識の根底には、「超意識（ハイヤーセルフ）」と呼ばれる領域があります。これは「高次なる自分」「普遍意識」「宇宙」「本質」と言い換えることもできます。ハイヤーセルフは過去生も未来生も何もかも知っているあなたの高次の魂です。

わたしたちの人生を動かしているのは、表面の顕在意識ではなく、潜在意識です。この意識がさまざまな事象を創り出しています。

無意識に呼吸ができているのも、心臓が動

いているのも潜在意識のおかげです。目に見える部分から見えない部分に至るまで、幅広くこの潜在意識が働いています。

潜在意識はとてもパワフルで、そのパワーは顕在意識の二万五千倍～六万倍です。これは高次元存在から降りてきた数字ですが、意識の高さによって潜在意識のパワーは増すので最大だと顕在意識の六万倍近くになるそうです。波動が高い人ほど潜在意識は調和しているので、それが六万倍のパワーで現実を創造していくということです。

過去生での思い込みを含めたあらゆる情報が入っているこの潜在意識に、結婚することを怖れて「NO！」と言っているエネルギーブロックがあると、どれだけ顕在意識で頑張って行動しようが、性格を変えようが叶わないのですね。

韓国不思議浄化体験

ここで、わたしの結婚に関するエネルギーブロックが外れた、少し不思議な体験を書きたいと思います。

彼に出会う半年ほど前に越智啓子先生やヒーリングスクールの友人たちと韓国旅行に行きました。観光地を巡ったり買い物したり美味しいものを食べたりと楽しんでいたわたしたちですが、最終日の夜、せっかく韓国に来たのだから本場のマッサージを受けよう！ということになりました。

そこに行きたい！　とはじめに言ったのはわたしでした。

うつ伏せにベッドに寝かされて、しばらくすると施術師が入ってきました。一言の会話もなく唐突に施術は始まりました。

施術が始まって最初はワクワクしていたのですが、あまりにも強い力でグイグイ押されるので、痛さのあまり心の中で「わたし、あなたに過去生で何かしましたっけ？」と冗談でツッコミを入れるほどでした。特に肩や首をマッサージしてもらっているときは、首を絞められているかのような錯覚を起こすほどでした。

それはマッサージという域をこえ、ちょっとした拷問のような感じすらありました。

最初に「男性の施術師でもいいですか？」と聞かれたのですが、「女性にしてほしい」

とリクエストしたのに、女性でありながら男性のようなオーラを発した剛腕の施術師に当たってしまったのでした。最後までうつ伏せで、終了したあとも声もなく去っていったので、どんな人なのか分からず仕舞いでしたが。

わたしは上半身のマッサージだったのですが、友人は下半身のマッサージで同じ施術師に当たり、彼女も同じようにすごい力で施術されたようでした。

終わったあと、冗談で「殺されるかと思った」とわたしたちは言い合ったほどでした。

そしてその直後、友人は気分が悪くなり、その晩は寝込んでしまったのです。

わたしにも、翌朝異変が起こりました。突然嘔吐が始まり、下痢、高熱、悪寒がおそってきたのです。

昨晩寝込んでいた友人はどうにか回復し、わたしの体調異変を知らずに朝早いフライトで帰国しました。わたしを含む残りの友人たちは、昼の便で帰国予定だったのですが、こんな調子のわたしを一人放ってはおけないと、残ってくれることになりました。

大きな病院に連れていってもらい何人かのお医者さんに診てもらったのですが、原因が分からず「最低でも五日間入院」と言われたようです（ほとんど意識がなく朦朧としていたので、後で友人たちに聞きました）。

当のわたしは、とにかく激しい嘔吐と下痢の繰り返し。さらに想像を絶する悪寒との闘いで、寒くて寒くてガタガタと震えるほどでした。ですが韓国の病院では、そういうときはできるだけ布団はかけない温めないという方針だったので、本当に凍えて死ぬかもしれないというくらいの寒さでした。友人たちが必死にさすって体を温めてくれたり、ヒーリングしてくれたりしました。

高熱のため朦朧としていたのですが、夕方になってようやく少し落ち着いてきました。「最低5日間入院」と言われていたにもかかわらず、原因も分からぬまま、奇跡的に退院の許可がおりたのです。きっと友人たちが心を込めてヒーリングをしてくれたお陰です。

夜になって、わたしが病気になる前に一足早く帰国していた啓子先生からホテルの部屋に電話がありました。

「よっちゃんの盆の窪（首のうしろ）から頭頂にかけて緑のヘビが見えるの。今からヴォイスヒーリングするから聴いてね」

と言われて、電話越しにヴォイスヒーリング（声を使ったヒーリング）をしていただきました。

その直後、吐き気に見舞われたわたしはトイレに駆け込みました。すると、なんと真緑のものを大量に吐いたのです!!（もう吐く物は胃液しかない状態だったのに）

戻って「先生、今、吐いたのですが、なんと真緑でした！」と報告すると、

「今、ヘビが出たわ。おめでとう、蓋が取れたのよ。恋愛結婚の蓋が取れたわ！」

と言ってくれたのです！

古代韓国王朝時代の痛み

わたしは遠い遠い昔、韓国の王朝にいた姫だったそうです。そのときに、愛する人と結婚したのですが、わたしに横恋慕していた男性が嫉妬に狂い、わたしの首を絞めて殺しました。

わたしのことを助けようとした家臣は、足を切られました。

マッサージの女性が、過去生でわたしを殺した男性でした。また、下半身だけ施術して

もらったわたしの友人が、足を切られた元家臣です。

緑色は嫉妬の象徴。

緑色のヘビが抜けたことで嫉妬されていたものが浄化され、それと同時に恋愛結婚を押さえつけていた怖れの蓋が、シャンパンのコルクの如くシュポッと抜けたのです！

人はそれぞれテーマを持って生まれてきます。

今世のわたしのテーマのひとつは、「恋愛して結婚する」というものでした。

自分の中でも不思議なほど、「わたしは恋愛して死ぬほど愛する人ができない限り結婚はしない」と幼い頃から決めていました。

だから縁がなくうまくいかなかったときでさえ、お見合いは断固として断ってきました。どうしても恋愛して、そののちに結婚したいと思っていたからです。

お見合いや結婚相談所、マッチングアプリなども素晴らしい出会いのかたちだと思いますが、わたしは結婚を目的として出会うのは何故か違うと感じていたのです。これは過去生で政略結婚が多かったせいです。

『恋愛結婚が今世のテーマの一つ』だということは、韓国に行く何カ月か前に霊能力の高い友人からも言われていました。そして「必ず叶うから！」と勇気づけてもらってもいました。

でもそのことを知らない啓子先生にまで、「恋愛結婚の蓋が取れました」と言われたのが驚きでした。単に「結婚の蓋」ではなかったのです。

今回このメンバーでの旅だったから、魂が「この大浄化をしても大丈夫！」と決意したのです。実際、心から信頼している心友たちが力を尽くして守ってくれました。彼女たちがいなかったら、成し遂げられなかったかもしれません。そして日本から祈り続けてくれた家族や友人、啓子先生の助けもありました。

緑色のものを吐いたのを最後に、嘔吐は終わりました。

そして、激しい悪寒は、韓国王朝で殺されたとき、とても寒く冷たいところで亡くなったので、その冷たさが浄化のために上がってきていたということも分かりました。背中に冷たい平たい陶板のようなものがエネルギー的にひっついていたそうで、それも友人たちが霊的に割ってくれました。割ってもらった直後、嘘のように悪寒はなくなりました。今思い返せば、そのお陰で少し楽になって退院できたのだと思います。

翌朝、まだ熱はありましたが、わたしたちは帰国の途につきました。この体調異変は韓国でのみのもので、日本に帰ったら必ず治るから一刻も早く帰るようにと啓子先生に言われたからです。実際、韓国を出るときは三十八度あった熱が、帰国して空港の診療所で測ったときには三十六度台に戻っていました。

ソウルから空港に向かうリムジンバスの窓から、わたしたちを見送ってくれている古代韓国王朝の人々や民衆たちが見えました。今の韓国語ではなく、古代韓国語で書かれた旗を振りながら大勢の光の集団が見送ってくれていたのです。

過去生で起きたこの事件は、その当時の多くの人の心を悲しませていたようです。このことが浄化されたことにより、たくさんの魂が喜びに包まれたのです。

わたしには見えませんでしたが、見えている友人たちはとてつもなく美しい光景だと言って手を振り返していました。リムジンの中は、何故かわたしたちしかいなかったので、変な人たちだとは思われませんでした（笑）。

わたしの恋愛結婚を阻んでいた、潜在意識下にあった「愛する人と結婚すると嫉妬されて大変な目に遭う」という怖れのエネルギーがこの出来事により浄化されました。

この韓国での大浄化の後も「本当に愛する人と結婚できるのだろうか？」と半信半疑でした。会社と家との往復だけの毎日で、出会う機会のまったくない状態でしたが、運命はすごい勢いで展開していくこととなったのです。

なんと韓国での浄化の三カ月後に彼からブログにコメントが入り、その五カ月後には結婚したのでした。本当にあっという間の出来事でした。

後で聞いた話ですが、彼はわたしの怖れが浄化された日の一週間前に、前の彼女と正式に別れていたのでした。

まさに満を持して、万全を期して、すべては起こったのです。

また、マッサージしてくれた女性もわたしの怖れの解放を手伝ったことでカルマが解消されました。

「みんなが楽になったのよ」と啓子先生はおっしゃいました。

わたしたちはこの地球に何百回、何千回と生まれ変わってきています。男性の時代も、女性の時代もありました。

過去生で女性だったときに結婚によって不幸になったことや、男性に傷つけられたことがあると、どれだけ顕在意識で「結婚して幸せになりたい」と思っていても、潜在意識にそれを怖れているエネルギーブロックがあるとうまくいかないのです。それは過去生での苦しみや悲しみの体験がインプットされているからです。まさにわたしがそうでした。

愛する人との結婚によって殺されたわけですから、その恐怖たるやすごいものがあったのでしょう。

古代韓国で傷つきインプットされた「恐れ」が、その後の転生で愛する人と結ばれることを無意識に拒絶し、政略結婚を引き寄せていたのかもしれません。

そしてまた政略結婚にも傷つき、今世こそは「恋愛結婚で幸せになろう」と並々ならぬ決意をもって生まれてきたのだと思います。

そのためには、潜在意識下にインプットされている「恋愛結婚をすると不幸になってしまう」というエネルギーブロックを浄化統合に導かなければならなかったのです。

魂はいつもベストタイミングを知っています。

わたしはそれまでにも自分なりに潜在意識をクリアにしたり、波動を上げる努力をし続けていました。それらの積み重ねがあったからこそ、このタイミングで韓国へ行き、マッサージを受けるという「浄化の時」へ自らを誘ったのでしょう。

後年、韓国王朝でわたしの家臣だったという記憶を持つクライアントさんがセッションに来られたことがあります。ツインレイの彼、つまり夫のぐるぐるが担当したのですが、「わたしはあのときの家臣です。よっつさんが今、幸せだということが分かっただけでわたしは幸せです」とおっしゃったそうです。なんというありがたい話でしょう。

わたしたちは皆、過去生の様々な痛みを伴う体験の記憶を、未消化のまま潜在意識に溜め込み、生まれ変わってきます。

エネルギーブロックがひとつ浄化統合される度に、わたしたちの波動は上がっていきます。

家探しで思い出した使命への回帰

互いのスピリチュアルブログを通して出会ったわたしたちは、こうやって宇宙に出会わせてもらったのは、『ふたりでスピリチュアルな仕事をしていきなさい』ということだと理解していたし、それを実現させるつもりでした。ですが幸せな結婚生活を送っているうちに次第にそのことを忘れていきました。

再びその使命を思い出したのは、家を買おうとしたときです。本当は家を買う予定などまったくなかったのですが、たまたま通りがかった売り出し中の住宅地を何気なく見てしまってから、家が欲しいという思いが止まらなくなって、新築の家をいろいろと見て回るようになりました。

ある時、気に入った家に出合い、ここにしよう！　と内金十万円を払いました。内金を払った帰りの車の中でわたしはぐるぐるに言いました。

「あの家を買うってことは、ぐるぐるは今の会社を辞めることはできないけど、それでいいんだよね？」と。当たり前のことなので聞くつもりもなかったのに、口が勝手にしゃべり出したという感じでした。

すると、ぐるぐるの顔が見て取れるほどスーッと青ざめていきました。

実際にぐるぐるは、わたしのその一言で「やばい、あの家を買うと一生今の会社で特に好きでもない仕事をし続けなければならなくなる！」という思いが湧き上がり、目が覚めると同時に目の前が真っ暗になったそうです。

わたしは青ざめたぐるぐるの顔を見て無意識に何かを感じ取ってはいたのですが、先ほど内覧した家に住みたい！　という思いでいっぱいでした。

更なる宇宙の後押しがほしかったわたしは、ヒーラーの友人にカードリーディングを申し込みました。当然「GO」や「OK」「YES」などのポジティブなメッセージが出ると思っていた、いや、思いたかったのですが、出るカード、出るカード「WAIT（待ちなさい）」「NOT THE RIGHT TIME（時期ではない）」「RECONSIDER（考え直して）」など、いずれもこのようなメッセージでした。

そのときやっと思い出しました。

そうだった、わたしたちはふたりでスピリチュアルな仕事をすると決めていたんだったと。ふたりともなぜかそのことがすっかり抜け落ちていたのです。

結婚して一年半以上経ってようやく思い出し、内金を入れた家はキャンセルしました。これをきっかけにぐるぐるは会社を辞め、わたしたちは使命に向かって動き始めたのです。

今思えば、ほんわかとした幸せな生活が安定や安心を無意識に求め、チャレンジして自分たちのやりたいことをするよりも、いかにこの家族で平穏無事に暮らしていくのかが大事になっていたのだと思います。そして集合意識に同調して「次は家を買おう！」となったのです。

でもそれも宇宙からのメッセージで、売り出し中の住宅地の前を通らせて、家を買いたいと思うことで現実に直面させ、本来の使命を思い出させるようにしてくれたのです。

つくづく常にサポートされながらわたしたちは歩んでいるのです。

魂の目的を生きれば必要なものは与えられる

ぐるぐるが会社を辞めてから一年ほどの間、講演会やセミナーは時々開催していましたが、個人セッションはしていませんでした。その間に二人目を出産したということもありますが、セッションルームを確保できなかったというのが大きな理由です。

新婚当初から借りていた部屋は1LDKで、ここに小さな子ども二人が加わり、対面セッションはおろか、電話やスカイプでのセッションすらできない部屋数のなさでした。

とにかく部屋数の多い家に引っ越したいといろいろと探していたときに、新築一戸建てなのに、二年間誰も住んでいなかった家が破格値で賃貸に出ているのをぐるぐるが見つけ、すごい人気だったのにもかかわらず契約を結ぶことができました。

これも子どもと散歩中にぐるぐるが電柱に貼ってある不動産会社の名前を目にし、なぜだかその不動産会社を検索しなきゃいけないと感じてネット検索したら、その日ちょうど掲載されたばかりのその物件にヒットしたのでした。きっと宇宙から直感という形でサポートが入ったのでしょう。

家主さんは自分が住むつもりで建てたらしいのですが、事情があって住めなくなったようでした。４ＬＤＫで庭もあり、小学校もすぐそばにありました。二年後、東京に移住したので結局その小学校には通いませんでしたが、子育ての環境もとても良かったです。

はじめて内見したときに二歳になったばかりの息子が「ひろ～い！　ヤッターヤッター」とはしゃぎながら、家の中を走り回っていたのを覚えています。


わたしもぐるぐるもどちらもお金に無頓着といいますか、光熱費も食費もいくらかかっているのか調べたこともなく、貯金しようと思ったこともなければ、預金残高もまるで覚えていないという呑気なところがあります。ですが、家を引っ越したり出産したりとそれなりに出費がかさんだはずなのですが、気がつくとその一年で、なぜか預金通帳の金額が二、三百万円も増えていました。

たまにやるセミナーなどの収入はおそらく年間で百万円もなかったくらいなので不思議です。確かに娘の出産のお祝いや引っ越しのお祝いをどちらの親からももらっていましたが、思っている以上に増えていた記憶があります。

現実は量子力学的にいうと素粒子を変化させて観ているだけなので、知らない間にお金が増えていたという話は割とあります。小林正観さんのご著書にもよく書かれていましたし、その後もクライアントさんたちからもよく聞きました。

秘訣は支出や収入がいくらなのか気にしないこと、もちろん家計簿などもつけないことです。そうじゃないと宇宙がこっそり入れることはできませんので（笑）。


そしてさらなる秘訣はというと、魂の目的を生きることです。

わたしたちはスピリチュアルな仕事をやっていくという意図が十分になされていたので、宇宙からの応援が入ったのだと思っています。


引っ越し後は、早速個人セッションを始めました。遠方からもたくさんの方がいらしてくださいました。

仕事が多忙なときの子どもの面倒は、義母の知り合いの元保育士さんが見てくれました。それもぐるぐるのお父さんに生前お世話になったからという理由で、毎回ご自宅まで連れていってくれて、ご家族総出でたくさん遊んでくれて、ご飯も食べさせてくれてと至れり尽くせりで子どもたちも大満足でした。だからわたしたちも安心してセミナーやセッションに打ち込むことができたのです。

本当にやりたいことをやると決め行動を起こしていくと、自分の常識という枠を超えたところから応援が入ります。豊かさとは、働いて得たお金だけではないのです。

お金が突然増えたというクライアントさんたちも一様に、本当にやりたいと思ったり、内側をちゃんと観ようと決めてセッションやコースを受けはじめると、なぜか親御さんから大金をもらったり、遠い親戚からの遺産が入ったり、預金残高がなぜか増えていたり……ということが起きていました。

スピリチュアルに限ったことではなく、魂が喜ぶことをやり始めると、さまざまなところから応援が入り必要なものは与えられるのです。

わたしたちはその宇宙の後押しもあって、ふたりでスピリチュアルな活動を続けてくることができました。おかげさまで今までセッションやセミナー、オンライン講座などを通じて一万人を超える方々とのご縁をいただき、十五年が経ちました。

悩み、苦しむ中でもしっかりと自分と向き合い、そこから気づき、学びを得た方は、一気にその状態から抜けて、本来の輝きを取り戻していかれました。宇宙は常に最大限の愛でもってわたしたちを導き、サポートし続けてくれているということをこの活動を通して実感しています。

そんな宇宙の愛と叡智、高次元存在たちのサポート、そしてあなた自身の尊さを思い出してもらえるよう、この本は構成されています。

行間からの波動とともに、読み進めていってもらえると大変嬉しいです。

息子のチャネリング

今から四年前の夏のことです。

リビングで団欒《だんらん》していたら当時中学一年生の息子が、ダイニングのほうに気配を感じると言い出しました。何人かの存在がわたしたち家族を微笑みながら見ていると言うのです。

息子によると、その存在たちはダイニングチェアに座っている人が五人、立っている人も四人いて、楽しそうに祝杯を上げているということでした。いつも守護してくれている高次元存在やガイド、ハイヤーセルフ、ご先祖さまたちのようです。その様子を感じながら息子は「なんか心が震える…」と言ったきり大号泣したのです。

しばらく泣き続ける息子の背中をなでながら聞くと、とにかくすごい感動が押し寄せてきていて、それと同時に根底からの安心感やこの時を迎えることができた喜びのような感覚が湧き上がってきたそうです。

元々息子は、年齢に不似合いなくらい悟っているというか老成している子どもで、わたしたちふたりの間では「シリウスの賢者」と呼んでいました。ですが霊能力らしきものを発揮したのはそのときが初めてでした。

息子は徐々にその存在たちとの距離を縮めていきました。わたしたちも高次の存在たちには慣れていたのですぐにその状況を受け容れることができました。その後、その存在たちと家族全員でハイタッチしました。『ありがとう！　ようやくこうやって会えたね！』

とこの日が来たことの喜びを感じながら。

そこには三年前に亡くなったわたし（よっつ）の父も居たそうで、ニコニコ幸せそうに見守ってくれていたようです。

メインの存在の方は、深緑色のベレー帽をかぶっている存在で、息子と縁が深いようでした。その後、息子とその深緑さん（と呼ぶことにしました）とのコンタクトが始まりました。いわゆるチャネリングです。

その翌日、息子が着ていたTシャツを見て娘が「あっ」と叫びました。

息子の名前はRが頭文字なのですが、なんとTシャツの絵柄の「R」の上にベレー帽があります。しかもRだけ擬人化されていて、まるでベレー帽と共に人生を歩いているかのようです。

まさに深緑さんが息子の人生を見守りながら、共に歩いてくれているということを表しているかのようでした。

深緑さんは息子の未来生の7次元存在で、そのTシャツは深緑さんがデザインのインスピレーションを3次元に送ったそうです。そしてチャネリング初日の翌日に息子に着るようインスピレーションを与えたのでした。

深緑さんはこう言っていました。

「チャネリングができるかできないかはあまり関係ないよ。現実世界（日常生活）で起こるメッセージが言葉で伝わるか伝わらないかだけの差なんだよ」と。

メッセージやシグナルは、日常のさまざまなものにちりばめられて常に伝えてくれています。わたしたちがそれをキャッチするかどうかだけなのです。

現に翌日は言葉ではなくTシャツで伝えてくれました。昨日のことは夢だったのじゃないだろうか？　と思っていた息子に『夢じゃないよ』と教えてくれたのです。

今は、深緑さんの他にも三人の未来生存在とソウルメイトの未来生存在がチームを組んで計五人の存在が常に息子とコンタクトを取ってくれています。

わたしたちを見守ってくれている高次の存在はたくさんいます。その方たちは、ありとあらゆる方法でわたしたちにメッセージを送り続けてくれているのです。

だから、どんな偶然みたいなものも見逃さず、

「これってメッセージだよね」と内側、もしくは天に問いかけてください。

Rの上のベレー帽を「ただの偶然」と見ることもできるし、偶然ではなく「メッセージ」と受け取ることもできます。わたしたちの選択は自由なのです。

とてもとても感動した一日でした。

ちなみにですが、愛犬のみーちゃんにも、同じくらいの大きさの犬が三匹ついていて、みーちゃんを見守っていたそうです。犬にも見守ってくれている高次元（？）犬がいるのです。感動です。

✴この本のコラムに載せているチャネリング情報は、息子が深緑さんたちと交信した内容です。

コラム① 教えて深緑さん！

Q どういう状態になったらアセンションできるの？

A 心にたくさん愛があって、バランスがとれている人だったらアセンションできるよ。たとえこの世の真実やスピリチュアルな情報を知っていても偏った見方をしていたり、その情報を知らない人に対する怒りや優越感が大きい人はアセンションできないよ。アセンションの基準となるのは知識ではなく、心の中の愛の量と、どれだけ周りからの愛に感謝を持てるかなんだよ。

何でもできてしまうと3次元の醍醐味の一つである「自分はできないけど、相手はできる」という体験ができなくなり、そこから学べなくなるからとても勿体ないことになる。そこにはたくさんの学びがあるんだよ。

宇宙にも数学はある。数学も極めれば「愛」にたどり着けるんだ。でも地球の数学は根本のところから間違っていて、ある地点から先にすすめなくなってしまっているんだよ。

本来は「0はすべての数と等しくなれる」という性質があるんだ。だから一番小さな数であり、一番大きな数でもある。厳密に言うと大きい、小さいは存在しないけどね。

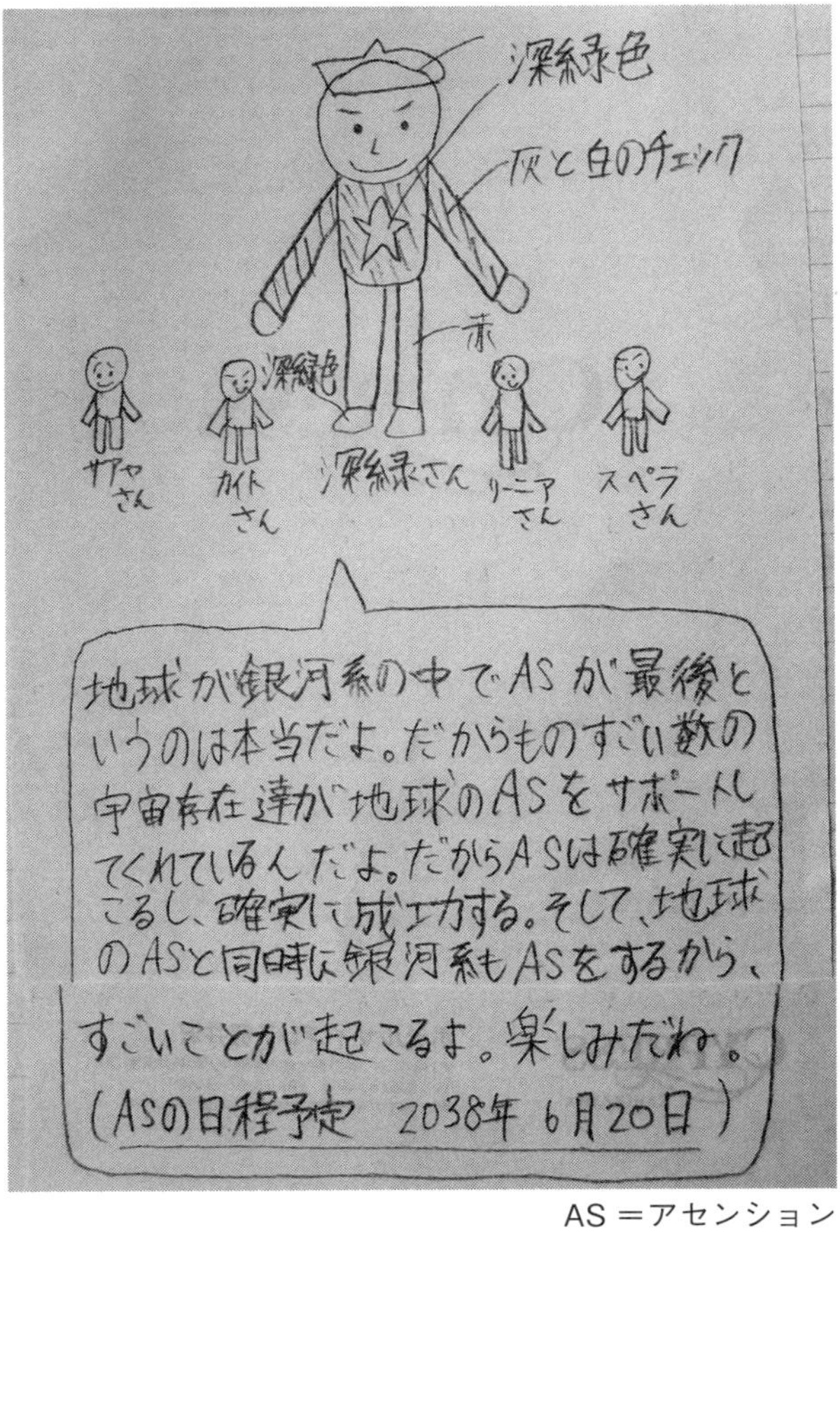
深緑色
灰と白のチェック
赤
深緑色
サアヤさん
カイトさん
深緑さん
リーニアさん
スペラさん
地球が銀河系の中でASが最後というのは本当だよ。だからものすごい数の宇宙存在達が地球のASをサポートしてくれているんだよ。だからASは確実に起こるし、確実に成功する。そして、地球のASと同時に銀河系もASをするから、すごいことが起こるよ。楽しみだね。
（ASの日程予定　2038年6月20日）

AS＝アセンション

第2章

パラレルとこの世の仕組み

パラレルとは？

パラレルワールドという言葉を聞いたことがあるでしょうか？「選択などによって分岐し、並行して存在する別の世界や時空間」を指しますが、かつてはSF小説や映画などの題材になっていました。ですがこれはSFでもファンタジーでもなく、この世界の仕組みそのものといってもいいでしょう。

この世界には、あらゆる可能性の現実が無数に存在していて、それをパラレル・リアリティ（並行現実）といいます。これからの時代、より自由で豊かに生きていくためには、このパラレル（世界線）という認識がとても大切です。

量子の世界から見ても、宇宙、世界はすべて元をたどれば素粒子というエネルギー体で構成されています。素粒子は、人が意識を向けるまでは「波」で、意識を向けることで電撃的な速さで「粒」になります。固定化されていない「波」の状態のときは、無限ともいえるほどの可能性が広がっているのです。

たとえば白い服を着るのか、黒い服を着るのかによって、白い服で過ごすパラレルと、黒い服で過ごすパラレルが生まれます。

またパラレルは選択だけではなく、波動によっても分岐していきます。

道ですれ違ったご近所さんに挨拶をしたとします。にこやかに挨拶が返ってくるパラレル、挨拶から長々とした井戸端会議に発展するパラレル、軽く会釈を返されるパラレル、聞こえていないのか挨拶が返ってこないパラレル、明らかに聞こえているようなのに無視されるパラレルなど、「波」の状態ではあらゆる可能性のパラレルが未確定に漂っています。

その中で、自分の波動と一致した一つのパラレルをわたしたちは体験しているのです。

どのようなパラレルを体験していくかは、どういう意識や動機でその選択をしたのかも大きく関係しています。

人に優しくするという行為も、本心からする場合と「この人に優しくしておけば、独りにならなくて済む」などの思いがあってする場合とでは、同じ行為でもエネルギーが違うので進むパラレルは違ってきます。

では、どうしてこの世界はそんな仕組みになっているのでしょうか？

それはわたしたちの本質が魂で、魂はあらゆる可能性を探求し、体験しながら学び、成長していこうとしているからです。

体験の振り幅が大きいほど大変な思いをする可能性もありますが、その分、魂のいろいろな側面が磨かれ、成長の度合いは高まります。

そのためにはありとあらゆる可能性、選択肢がある舞台が必要です。

それがこの世界に無数のパラレルが存在している理由であり、その舞台が今、わたしたちがいる3次元物質世界なのです。

ですがわたしたちが認識しているのは一つの現実だけです。他のパラレルをのぞき見することはできません。しかし、その他のパラレルにも自分が存在していて、そのパラレルでの自分を生きています。つまり無数の自分もまた存在しているのです。

これはミラーボールにたとえることができます。

ミラーボールは無数の多面体になっています。そのうちの一つの面が今の自分であり、別の面は別のパラレルを生きている自分、あるいは違う時代、過去や未来を生きている自分でもあります。このような無数のパラレルを生きている自己（パラレルセルフ）の集合体がわたしであり、魂なのです。

わたしたちは無意識のうちにさまざまなパラレルを行ったり来たりしているトラベラーのような存在です。それを管轄しているのが高次の自己であるハイヤーセルフです。ハイヤーセルフは、無数の自分、無数の現実の可能性を見定めながら、今の自分にとって必要な学びがあるぴったりな現実、パラレルをわたしたちに見せてくれているのです。

わたしたちの意識が成長してくると、よりハイヤーセルフへと近づいていきます。するとちょうど迷路を上から眺めるように、今までは見えなかったいくつもの可能性があることが実感できるのです。

何かの選択をする際も、今までのように感情や思考に巻き込まれて無意識に選択してしまうのではなく、俯瞰《ふかん》したニュートラルな視点で、今の自分にとってベストな選択ができるようになっていきます。

わたしたちは今この瞬間も、意識の状態によって今の自分自身に一番見合うパラレルを選択し、展開させているのです。

ですが、パラレルを行ったり来たりしていると言っても、その実感がまったく湧かないという人も多いことでしょう。

その一つの例、証拠として挙げられるのが、マンデラエフェクトと呼ばれる現象です。

もともとは、当時存命中だった南アフリカの指導者ネルソン・マンデラ氏について、1980年代に獄中死していたという記憶を持つ人が大勢現れたことに由来しています。

「え？　前に死んだってニュースで見たはずなのに、まだ生きてたの⁉」という人が一定数いたことで、別の世界線の可能性が見えてきたのです。

マンデラエフェクトとパラレル移行

ここ最近になってマンデラエフェクトを実感する人が確実に増えてきました。

いくつか分かりやすい例を挙げていますので、みなさんも考えてみてください。

問1　正しいオーストラリアの位置は？

A

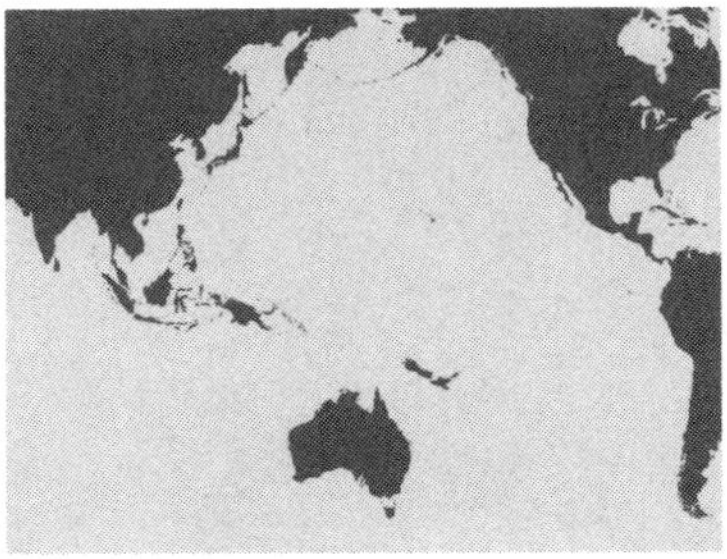

B

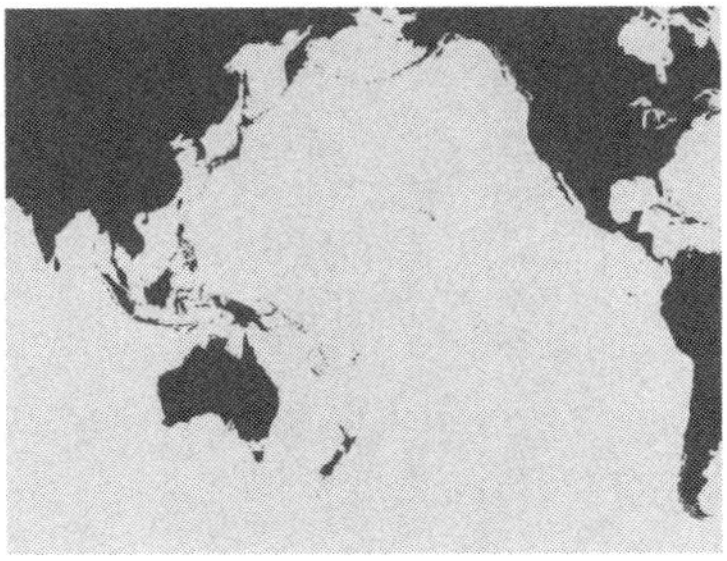

正解　B

わたしたちふたりの記憶では、オーストラリアの位置は間違いなくAで、南半球の太平洋上にポツンと存在していました。最近テレビのクイズ番組でも、オーストラリアの位置はどっち？　というこれと同じお題が出ましたが、回答者の六人のタレント全員がAだと答えました。

しかし今は東南アジアのパプアニューギニアのすぐ下、わずか三キロのところに位置しています。いつの間にかパプアニューギニアから泳いで渡れるほどの距離になっていて本当に驚きです。

またニュージーランドの位置も、ぐるぐるの記憶ではオーストラリアの右斜め上に存在していたし、よっつの記憶ではオーストラリアの左斜め上に存在していました。

このマンデラエフェクトに関して息子がチャネリングしている高次元宇宙存在・深緑さんたちに訊きました。

【高次元存在からの解説】

オーストラリアの位置はいろいろな種類のパラレルがあって、東南アジアとほぼくっついている今のパラレルと、もっと南のほうにある東南アジアから離れているパラレルや、大きさがもっと大きいのや小さいの、あとそもそもオーストラリアがないパラレルも存在しているよ。ただ、オーストラリアが「あるパラレル」と「ないパラレル」を行き来するほど波動の変化が大きい人はいないから、そういうマンデラエフェクトは起きないよ。

赤道近くにオーストラリアが移動した今のパラレルは、波動が高いパラレルにあたるよ。東南アジアと近いので、人の流れがより活発になり、大陸として繁栄しているからだよ。

ニュージーランドの位置は、オーストラリアの位置が東南アジアに近づいていることに伴って地殻のバランスを取るために右下に位置が変化したんだ。

マンデラはほかにもいろいろあって、ロシアはもっと小さく、中国がもっと大きいパラレルもあるよ。

今日（このチャネリングをした2021年9月11日）別パラレルでは世界中で大災害が起きて混乱しているよ。そう考えるとこのパラレルは随分と安定しているね。ちなみにとても波動が高いパラレルではコロナはほぼ受け入れられなくなって、人々は菜食になりつつある。ただボクたちから言わせてもらうと、このパラレルぐらいがイイ感じにエキサイティングで楽しいと思うよ。

問2　レオナルド・ダ・ヴィンチの人体図

A

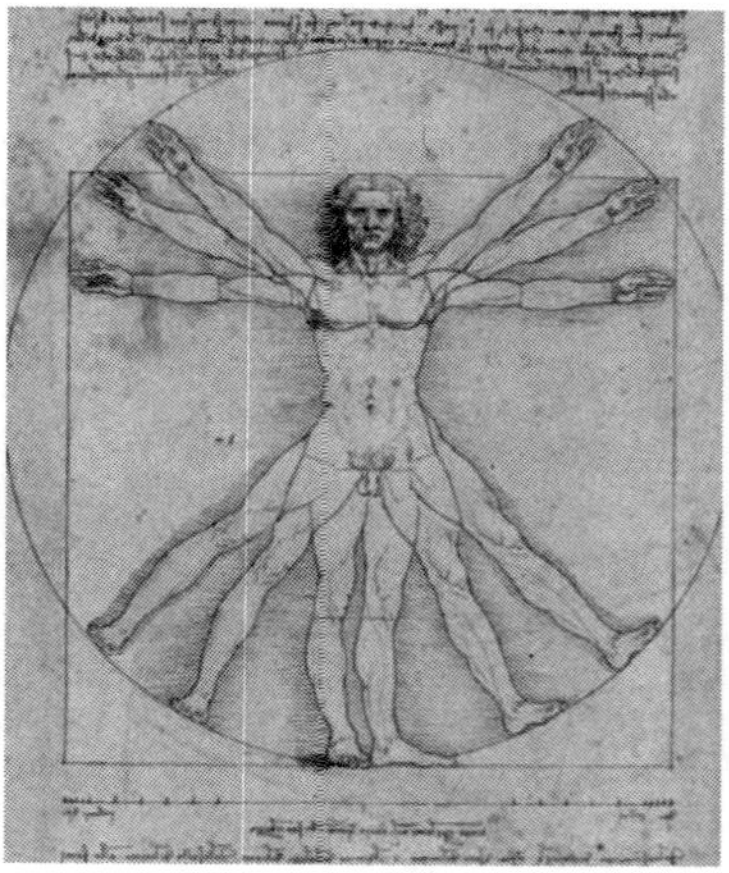

B

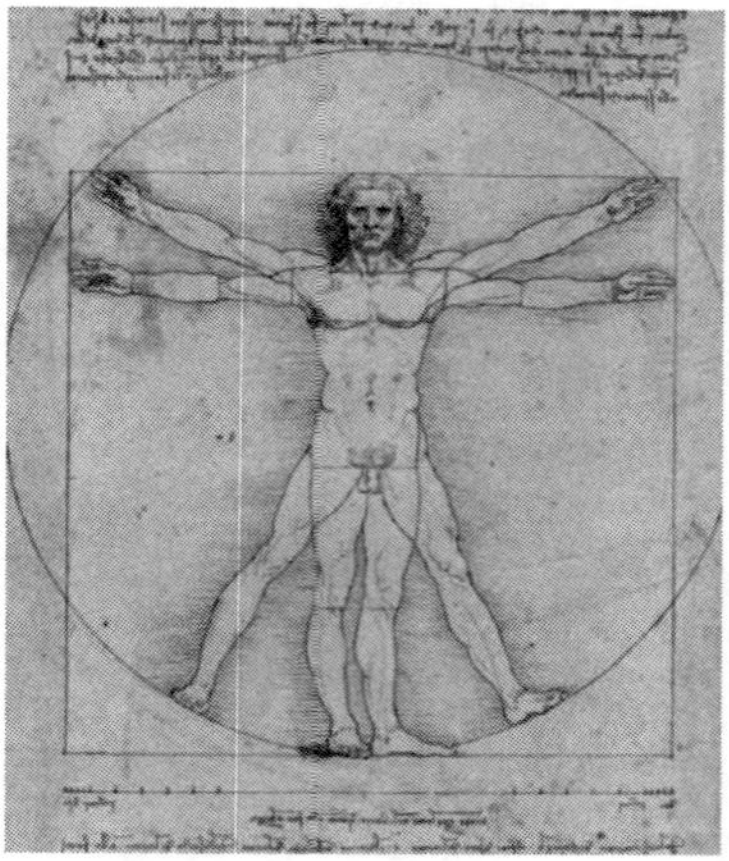

正解　B

これも明らかにわたしたちの記憶ではAで、三人が重なり合い、腕と足が左右三本ずつ、計六本出ていたことを覚えています。しかし、今は二人の男性が重なっているだけで腕も足も四本だけです。

【高次元存在からの解説】

多くの人が片腕三本や四、五本くらいのところから移動してきていて、増えたほうがいいとか減ったほうがいいとかではないのだけど、現代の科学、解剖学、建築学、天文学などがレオナルド・ダ・ヴィンチの思考より上回ってきたから、腕の数が減って地味になってきているんだよ。このパラレルは波動としては確実に上がっているけど、もっと波動の高いパラレルでは、もう完全に一本になっていたり、人体図の記憶が人々の中から消えてきている。この世界線で考えると、あと百年後くらいには一本になるよ。

問3　胸の骨格で正しいのはどっち？

A

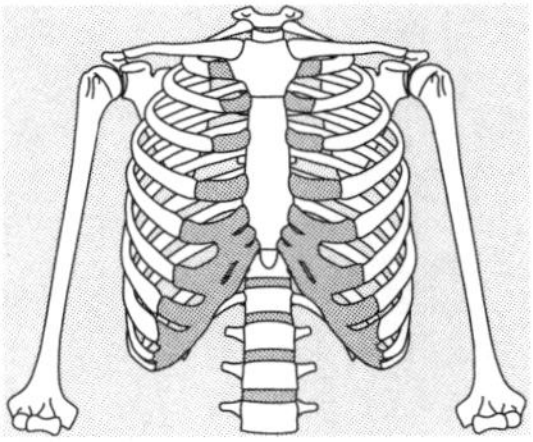

B

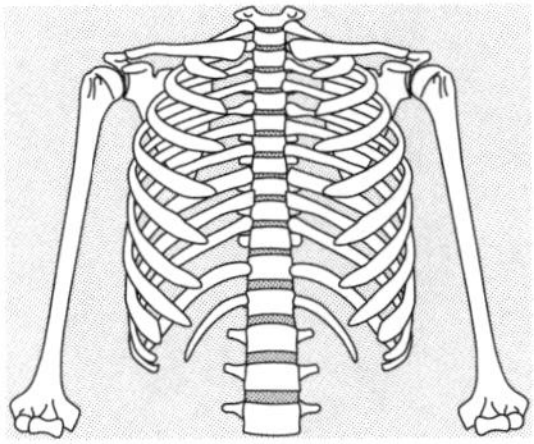

正解　A

記憶では、肋骨は胸の前で繋がっておらず、間に骨がない場所がありました。しかし、今は肋骨の間に「胸骨」という骨があり、胸を頑丈に守っています。

かつての記憶では、肋骨と肋骨の間は空いていてノーガードなので、そこからナイフを斜めに刺して心臓を一突きし人殺しをするというミステリー小説やドラマも存在していました。肋骨が折れて肺に刺さるということもありました。そして肋骨の形も以前とは違います。

眼の奥にも骨ができて、記憶の中のドクロマークは目のところはぽっかり空いた真っ黒な穴だったのが、いまは蝶形骨ができていて脳も守られています。

記憶

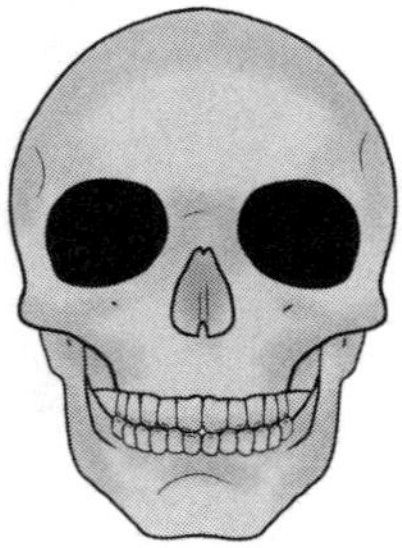

現在

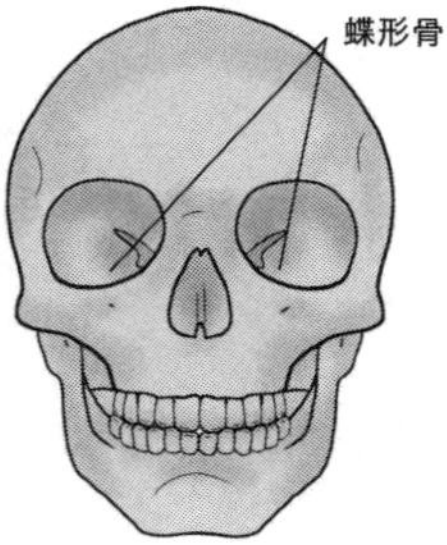

骨も内臓も変わっているところは多々あります。肝臓も大きくなっているので、機能は高まっています。

心臓の位置も左から真ん中のやや左寄りに変わり、さらに胸骨で守られているので、より安全で健康になったパラレルだと考えられます。いつからか胸に手を当てても昔のように鼓動が感じられなくなった気がしていたのですが、それは胸骨がある身体へパラレルシフトしたからだったのだと分かりました。

【高次元存在からの解説】

心臓が左から中央寄りに変わった理由としては、左半身が女性性を表しているということに関係している。今までは、女性性を強くしておかないとバランスを保てなかったので、心臓は左にあったんだよ。

女性性のほうが地球と繫がっていて安定しているから、特に男性は女性性を強くしておかないといけなかった。

でも今のパラレルでは女性性と男性性のバランスが取れてきて、ほとんど五分五分くらいになったので真ん中近くになってきているよ。昔よりも変な人（変質者）が減ってきているのは、このバランスがとれてきたことと関係しているんだよ。

問4　べんきょうの「べん」という漢字

A

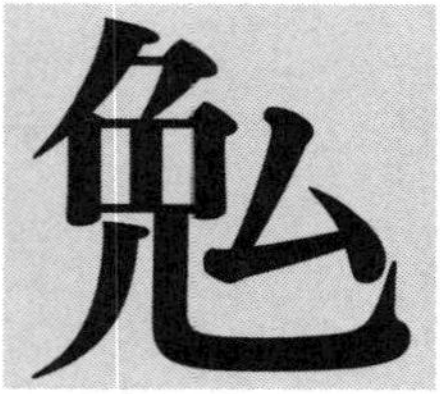

B

正解B

この問題はわたしたちは正解したのですが、記憶ではAだったという人も多数存在しています。

Aのムは「無にする、無になる」という意味があります。「免」は出産する様子を描いた象形文字で「どのような困難も突破していく」という意味があります。それが「力」になるのか「ム」になるのかでは大きく違います。

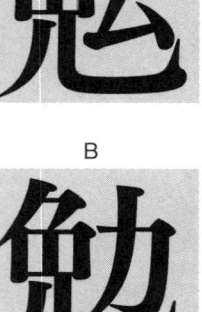

問5　かんぺきの「ぺき」という漢字

A　**完壁**

B　**完璧**

正解B

これは小学生ぐらいのとき「完全な壁」だから「かんぺき」なんだと覚えて、何度も書いて練習した記憶があります。正解のBの「璧」という字を習った記憶がありません。もともと「完璧」のパラレルの人からすると、あるあるの覚え間違いの人と映るようです。
また本当は「壁」のほうの世界線にいたのに、今の世界線に移り集合意識の影響を受けて、最初から「完璧」で覚えていたと思い込んでしまう場合もあります。

【高次元存在からの解説】

「壁」だと「土」で本当に「壁」だから動かないものだけど、今回「玉」になって転がるようになったんだよ。

カンペキとは、不動なものが完璧だと思い込みがちだけど、実際は臨機応変にエネルギーを動かしていくほうが完璧に近くなる。「固定化されたすばらしいものが完璧」という思い込みがとれていき、前よりもエネルギーが循環するようになったということだよ。

完璧が壁ではなく、壁になったことに気がついたときは、ベルリンの壁が壊されたくらいの衝撃でした。

ですが完璧の意味あいが非常に柔軟なものに変わっていて、「絶対にこうなることが完璧である」という強固な価値観が崩れてきた証拠だと感じました。玉のように転がり、臨機応変に姿形を変えながらいくほうが、宇宙から見ると調和度は高く、完璧なのです。

問6　バナナの生え方はどっち？

A

B

正解　B

記憶では付け根が上のAでしたが、今は下になっていて、重力に逆らう形で生えています。

バナナスタンドを持っているのですが、確か木に生えているときと同じ状態で保存するから長持ちするということだったと思います。

上と下が反転したというのはこの世界の在り様が反転していくことを表しています。今まで上だと思っていたものが下にいき、下だと思っていたものが上になる。ヒエラルキー社会が崩れ、わたしたちの中のさまざまな常識や概念が覆されるときが近いのかもしれません。

日月神示にも「悪のやり方は、初めどんどん行くけれど、九分九厘でぐるん（グレン）ぞ。善のやり方は初め辛いけれど、先行くほどよくなるぞ」という一文もあります。ぐるん（反転）する日も近いということです。

また重力に反して上に生えていっている様に力強さを感じます。軸がしっかりしていないと折れてしまうというところからも、わたしたちそれぞれの自分軸が確立されてきたことを象徴しています。

ほかにもたくさんのマンデラエフェクトがあります。

✷大田区は、かつてのパラレルでは太田区だった。

✷大阪の茨木市は、かつては「いばらぎし」という読み方だったが、今のパラレルでは「いばらきし」になっている。わたしたち二人は関西出身ですが、茨木市は「いばらぎ」だけど、茨城県は「いばらき」で読み辛いなと思った記憶もあります。

✷メリーさんの羊の歌詞は、「メリーさんの羊、羊、羊、メリーさんの羊、かわいいね♪」だったのが、「メリーさんの羊、メーメー羊、メリーさんの羊、真っ白ね♪」になっている。

✷寺尾聡さんの「ルビーの指輪」が「ルビーの指環」になり、「めぐる」という5次元的な意味合いになった。

✷林修先生の「いつやるの？　今でしょ」が「いつやるか？　今でしょ」に変わった。大抵の場合、「いつやるの？」は、相手に問いかける言葉で、「いつやるか？」は自分に対して問いかける言葉。つまり以前より主体的な世界になったということ。

誰かに「いつやるの？　今でしょ！」と急かされるのではなく、誰かを急かすのでもなく、自分自身に対して「いつやるか？……今でしょ！」と静かに決意する、そんな感覚を受けました。たった一文字でこれだけの違いを表現して、それをメッセージとして送ってくるなんて、やっぱり宇宙はすごいです。

いかがでしょうか？

正解が記憶と違っていたという方も多いのではないでしょうか。

パラレルは無数にあります。オーストラリアの位置ではマンデラを感じたけれど、完璧はもともとこれで覚えていたなど、人によっていろいろと混在しています。いずれにしても、そのパラレルになっているのにはそれなりの理由があり、波動の違いや何らかのメッセージ的なものが含まれています。

世間一般では、これらマンデラエフェクトは、集団的な記憶違いといわれています。しかし、記憶違いにしてはその記憶がリアルすぎたり、それにまつわるエピソードなどもしっかりと覚えていて、「絶対に自分の記憶ではそうだった」という人がとても多いのです。

ではいったい何が起きているのでしょう？

これこそがパラレルシフト、つまり別の世界線からの移行が起きた証拠だと考えられます。オーストラリアの位置が最初から今の位置だったという人は、元々このパラレル、この世界線にいた人であり、違うという人は、別のパラレルから今のこのパラレルへと移行してきた人なのです。もちろんそれを証明する術はありませんが、そう考えればとても納得のいく話なのではないでしょうか。

もちろんたくさんあるマンデラエフェクトと呼ばれるものの中には単なる記憶違いのものも存在しますが、明らかに自分の記憶と違っている現象があることもまた事実です。それは元々自分がいたAというパラレルから、Bというパラレルに移ってきたから、大きな食い違いが生じてしまっているということなのです。

そして当然ながら、移った先のBというパラレルには、かつて自分がいたAのパラレルの証拠は存在しません。

オーストラリアの位置は、どんなに小学校時代の地図帳や昔の地球儀を確認しても、今現在の位置ですし、胸骨は江戸時代の浮世絵にもすでに描かれているのです。

元々それが事実であった世界へ移ってきたわけですから、当たり前と言えば当たり前なのですが、Aのパラレルにいた人からすれば、過去の歴史や事実がすべて書き換えられてしまったかのような錯覚に陥ってしまうのです。

ただし、イラストなどの公ではない二次的創作物にはその痕跡が残っていることがあります。下向きバナナのイラストや、「いつやるの？　今でしょ」のTシャツやステッカーは今でも販売されていますし、「ルビーの指輪」の方の題名で歌っているYouTubeも多数見つかります。これこそがマンデラエフェクトの証拠ともいえます。

作曲家の小林亜星さんは2021年に亡くなりましたが、その報道を聞いてとてもびっくりしました。記憶では、小林亜星さんはもっと前に亡くなられて、その追悼番組を観た記憶がはっきりとあったからです。

ネット検索してみると、同じように小林亜星さんの訃報は二回目と言っている人がたくさんいて、中には三回目だという人もいました。Google検索で、「小林亜星」と入れると、検索候補リストに「死去　二回目」と出てくるくらいですから、よほど多くの方が体験しているのでしょう。

これは小林亜星さんが既に亡くなっていたパラレルから、まだ生きていたパラレルへいつの間にか移行していたということになります。

このように知らない間にわたしたちはパラレルを移行していて、そこにある現実は「元々そうでしたけど何か？」というような感じで、当たり前のように目の前に存在しているのです。

何となく簡単にパラレル移行が起きていることを実感できたのではないでしょうか？

では、マンデラエフェクトにあるように顕著なパラレル移行を最近感じる人が増えてきたのは、いったいなぜなのでしょうか？

地球の波動の変化

そこには地球の波動の変化が大きく関係しています。

地球の振動数、つまり波動の変化は、上昇する時期と下降する時期を約一万三千年周期で繰り返しています。

波動が高ければ軽く、振動数の回転は速くなり、低ければ重く、回転は遅くなります。

少し前までは、地球の波動はまだまだ低く重く回転も遅いので、今のように現実が誰かと食い違うこともなく固定化されていて、ひとつの現実をみんなで体験する世界でした。共通の現実、課題を通して、集合意識全体のカルマをみんなで解消し、学び合う必要があったのです。学校でいうなら必修科目のようなものだったのかもしれません。

しかし波動上昇の期間に突入した2012年以降、地球の波動は加速度的に高まり、今まで固定化されていた現実が、より柔軟に、変化しやすいものとなってきたのです。

宇宙を構成する素粒子は、見る人の意識によって変化します。それはつまり、「その人の意識によって世界が創造されること」を意味します。当然、地球の波動が重たかった時代であっても、各自の意識によって現実は創造され変化していたのですが、それはとてもゆっくりとしたものでした。

しかし近年地球の波動が上昇したことで、そこに住まうわたしたちの意識も上昇してきました。固定化されていた固い現実が緩み、あらゆる可能性が同時に存在しているということを自由に受け取れる段階になり、それぞれの意識によって違うパラレルが展開するようになってきたのです。

それは遠足や修学旅行などで集団行動しか許されなかったわたしたちが、それなりに意識が成長したため、もうそろそろ自由行動をしても大丈夫なんじゃない？　と宇宙という先生から許可が下りた状況なのかもしれません。

わたしたち一人ひとりが各々の現実を創造しています。対相手がいる場合やグループの場合は共同創造もしています。ですが、共同創造であっても、違うパラレルの現実を観ていることはよくあります。

エネルギーブロックによって違うパラレルを体験する

わたし、よっつが初めてそれを感じたのは、2016年頃だったと思います。

継続コース最終日のクライアントさんに、「このコースは今日で終わりですが、次のコースも申し込んでもらっているので、また会えるから嬉しいです！」と言いました。互いに「また来月からもよろしくお願いします」と別れました。

でも数日後、その方からのメールを見て驚きました。『次のコースを申し込んでいるのに、よっつさんが「これで最後だなんて寂しいです」とおっしゃったから驚きました。もし他の人だったら「え？　申し込んでいるのに……」と混乱していたかもしれませんが、よっつさんを全面的に信頼しているので、心がゆらぐことはありませんでした。それでわたしは人によってこんなにも反応を変えていたんだ！ということに気がつきました』とありました。

わたしが観ていたのとまったく違う現実でした。同じ時空間を共有していると思っていたのに、互いに違う現実を体験していたのです。

人はこうやってそれぞれのパラレルを生きていて、束の間、同じパラレルで袖触れ合うのだと思いました。その頃のわたしは「勘違いされたくない」というブロックを強く持っていたので、それがそのまま現実に顕れたのです。

わたしの現実では、わたしは「また会えますね」と言ったのに、クライアントさんの現実では、わたしは意味不明な発言をしたことになっているのが心外でした。でもすぐに「ブロックはどれだけ巧妙に隠しても、こうやって違う現実が行き交い、それを映し出すことになるんだ」と妙に納得しました。クライアントさんも、相手の人によって反応を変えているということに気づけたので、互いに「気づき」のある体験となったのでした。

ほかにも、高校の教員をされているクライアントさんに、「何の科目を教えているんですか？」と聞くと「美術です」とのことでした。

『そっか～、美術の先生なんだ。美大を卒業されたのかな？　画家になりたかったのかな？』などなど思ったことをハッキリと記憶しています。

でも数年後、国語の先生だと言われて本当に驚きました。この話をご本人にすると、「確かに美術も好きなので、その世界線もあったのかもしれません！」と言われました。本当に不思議です。

違うパラレルの母に変わっていた

何年か前の思い出話を友人たちとすると、みんなの記憶が微妙に違うという経験はよくあると思います。単なる記憶違いということもありますが、何年も経つことでそれぞれが違うパラレルへ移行し、その世界線の過去を記憶として持っているから違ってくるともいえるし、そもそも違う世界にいたともいえます。

わたしの忘れられない記憶の一つに、中学生のときにお気に入りの漫画十冊以上を母に破られるという事件がありました。

「勉強しないのは、こんなマンガがあるせいだ！　こんなもの！　こんなもの！」と言いながら鬼のような形相で次々と破られていったのを覚えています。正直、超怖かったです。大人になってから、あのとき破られた漫画をもう一度手に入れたいと思っても、すでに書店にはなく、古本屋さんを何年も探し歩いた記憶もあります。それでもすべては揃いませんでした。

ですがこの話を何度母にしても「あなた、いつもその話をするけれど、本当にお母さんには記憶がないんだけど」と言うのです。

二十代の頃のわたしは、母が嘘を言っている、もしくはとぼけている？　それとも都合の悪い記憶の封印か？　とすら思っていました。

チャネリングによると、「互いの記憶が違うのは、パラレルの変化であることは間違いない。その体験をした理由は、あなたの自己がまだ確立されていなかったから。今でこそしっかりと軸の通った波動だけどその頃は本来持っているものをまったく3次元に落とし込めていなかった、敢えてそうしていたのだけれど。だからその現実を体験した。お母さんに記憶がないのは嘘ではなく、お母さんの今のパラレルではその体験はなかったということ」と言われました。

ショッキングな体験だったので、一種のショック療法というか、何かわたしに纏《まと》っていた曖昧模糊《あいまいもこ》としたエネルギーを削ぎ落とすための出来事でもあったと思います。

同じ人であってもいろいろなパラレルの、いろいろなバージョンのその人がその時必要な役割をするために、入れ替わり立ち替わり登場してくれているのでしょう。だから、本来「この人はこういう人」というものは存在しないのです。

些細な変化から見て取れるパラレルシフト

最近では、さらにパラレルの変化を感じる現実が増えてきました。

いくつかの洗濯ネットの形が間口の超大きい幅広型や細長～い筒状というあり得ない形

状に変化したことがあるのですが、「あの洗濯ネットがこれに変わったんだな」とハッキリと分かるくらい、色やテクスチャーや劣化度はそのままで形だけが変わりました。見つけたときは驚きすぎて叫んでしまったほどです。

いまだに見る度に違和感を覚えますが、おもしろくて笑えます。

また実家に飾っている三十年以上前に亡くなった愛犬ハピーの写真も、同じ写真なのですが全然違います。その写真を選んだのも、引き伸ばしたのもメッセージを入れてフォトフレームに飾ったのもわたしです。ハッキリとどんな写真だったのか覚えていますが、数年前に見ると顔周りの毛がライオンのような巨大なフサフサになっていてびっくりしました。ぐるぐるもわたしの実家で、フサフサになる前のハピーの写真をよく見ていたので、驚きを共有することができました。

ハピーは、病気で数カ月間苦しんで亡くなったのですが、そのときは毛がどんどんぺしゃんこになっていき、本当に可哀想でした。高次元によると、そのパラレルが変わって、そんなに苦しまずに亡くなったパラレルになったのだと言われました。

確かにその写真に書き入れていたメッセージも、以前は「ハピーのこと絶対に忘れないからね」だったのが今は「ハピー、十年間たくさんの思い出をありがとう!」に変わっていました。これもぐるぐるは覚えていて、ふたりで心底驚きました。最初のメッセージは悲しみが色濃く反映されたものでしたが、現在のメッセージはもっとポジティブです。

本当に信じられません。

深い悲しみの中、ハピーのフォトにメッセージを書き入れ、家族がいつもハピーと共にいられるようにとリビングに飾ったのですから。

これらのことは現象としては些細な変化で、それだけが変わったと思いがちですが、これは世界線そのもの、パラレルそのものが変わった結果起きた現象なのだと理解することができます。

些細な変化を見取って、大きく世界が変わったことに気づいていくというやり方です。

本来わたしたちはこのようにパラレルをちょこちょこ移動しているのですが、脳がそれらを後付けで繋ぎ合わせて、あたかも食い違いがないようにストーリーを創り上げています。

マンデラエフェクトの話も最初は驚くものの、しばらくすると「でも、よくよく考えてみると最初からそうだったような気もする……」と言う人も多くいます。それはまさに脳が後付けでパラレルを繋ぎ合わせようとしているからなのです。

ですがそこで納得してしまうと、「現実は一つで固定化されているもの」という認識が強まります。すると世界は意識・波動次第でどんどん変わっていくという宇宙法則を許容できず、元の固い世界観で生きていくことになります。

まだまだ人類の集合意識は「現実は一つで固定化されたもの」という認識を持っています。無意識に集合意識に同調している人ほど、マンデラエフェクトやパラレル移行については懐疑的で、「元々そうだった」という人が多いのです。

わたしたちふたりは、度々起こる体験を通して、パラレルは簡単に変わっていくんだと腑に落としていくことができました。

オンライン講座などでこういう話をよくしているということもあって、クライアントさんたちからもそういった体験談が多数寄せられています。

高次元によると、明らかな違和感を覚えたものはパラレルシフトの可能性が高いそうです。あなたも思い違いで片付けず、身の回りを観察してみてください。きっとパラレルシフトしている実感を何らかのかたちで確信していけるはずです。

コラム② 教えて深緑さん！

Q パラレルは無数にある中から選び取っているの？　それとも自分オリジナルのパラレルを創っているの？

A 厳密にはどちらとは言えないけれど、近いのは無数にある中から選び取っているというほう。さらに選び取った中で自分の波動によってその世界を創り出しているから、そのパラレルはオリジナルのものになっていく。だからどちらとも言えるかな。

みんな自分自身を見つめることが苦手だよ。なぜかというと自分に自信が持てていないからなんだ。だからみんな、それを何らかの形で隠そうとするんだよ。これはアセンションに関わる大きな課題のひとつだよ。特に日本人はこの課題を持っている人が非常に多いよ。

Q 課題を持ったままでもアセンションできるの？

A できるよ。なんならボクたちもまだ課題を持っているよ。あまりにも大きい課題を抱えていたら厳しいけど、課題を抱えていても、それとしっかり向き合って浄化しようとする姿勢があれば、多少多くてもアセンションできるよ。

第3章

あなたが今、その現実を体験している理由

生まれてくる目的と現実創造のしくみ

無数のパラレルがあってそのうちの一つをわたしたちは生きているということが理解できてくると「より良いパラレルに移行するにはどうしたらいいの？」という思いが自然と湧いてくると思います。

パラレルを移行させていく上でまず大事なのは、変化のために何かを起こしていく以上に、なぜ自分が今このパラレルにいるのか、もっと言うと「なぜこの現実を観ているのか？」という理由を理解していくことです。それが分かれば、現実を変化させていくことも容易になっていきます。

この章ではあなたがその現実を観ている理由をいくつか挙げていきます。

ですがその前に、霊的基礎知識である「なぜ生まれてきたのか？」や「現実創造のしくみ」を知っておいてもらいたいと思います。

これらを理解しておくことで、なぜ自分がこの現実を体験しているのかをより深く腑に落としていけるようになります。

①　魂と生まれてきた目的

わたしたちは、根本創造主《そうぞうしゅ》（大いなる存在、神、普遍意識）の分け御魂として、この宇宙に誕生し、高い次元から徐々に波動を落とし、つまりディセンション（次元降下）しながら、さまざまな世界を体験しつつ、この３次元世界にまで降りてきました。

根本創造主はたった一つの大いなる意識であったため、それ単体では比較対照できる存在もなく、何も体験することができません。そこでそれぞれに個別意識を持ち、愛から離れた体験を通して多くの学びを得、いずれは愛そのものに帰還していくためにわたしたち一人ひとりが創造されたのです。

たとえば愛から離れると孤独を感じます。しかし、孤独という体験があるからこそ、繋がる喜びや大切さを知ることができます。愛や光から離れるからこそ分かる愛の本質を知るために、わたしたちはあえて根本創造主から離れ、学びを深めているのです。

肉体はこの世での借り物で、「本当のあなた」とは意識であり、スピリットであり、魂です。

魂は分割したり融合したりしながら、ほかの魂と情報を共有しつつ、できるだけ多くの体験を効率的に積むように設定されています。ですが、あなたという魂の個別意識は失われることはなく、永続的に進化成長（霊性進化）、つまり愛の度数を高めながら拡大していくのです。

死とは肉体を脱ぐことで、魂はそこで終わることなく引き続き進化成長を目指していきます。死があるからこそ限りある生の期間をより意義深いものにしていけます。

死後の世界には幽界、アストラル界、メンタル界など幾層もの段階がありますが、まずは一旦アストラル界などで今回の人生の振り返りを指導霊とともにやって、当初の魂の目的が達成できなかった部分や不徳だった部分をどのように解消していくのかという計画を立ててから、しばらくしてまたこの地球に転生してくることがほとんどです。

この指導霊との振り返りは決して厳しいものではなく、単純に「どうしてこれが達成できなかったのだろう？」ということをじっくりと考え、どう次に生かしていくかを話し合う場です。

たとえば自分が本当にやりたい仕事をしようと決めて生まれたのに怖れがあってできなかった場合は、次はどういうステップを踏めばできるのか、少しずつチャレンジの段階を上げていったほうがいいのか、それとも突然リストラされて一念発起するパターンのほうができるのかなどを決めて、再チャレンジします。

魂は決して無になることはありません。ただ、死んだら無になると信じている場合は、長く幽界をさまようこともあります。

つまり、なんのために生まれてきたのかというと、すべての人の共通の目的は、転生を通じて霊性（スピリチュアリティ）を進化させていくためなのです。

霊性が高まるとは、意識や愛、叡智が深まっていくことであり、それに伴って自分の能力や可能性も広がり、人生に喜びや感動、感謝が増していきます。さまざまな製品やサービスの質が常に高まっていくように、進化、成長は生きとし生けるものすべての本質に最初から埋め込まれている資質なのです。

② 二極世界での必要なプロセス

ここ地球は目に見えるものが重視され、さまざまな二元性（善悪・正誤・優劣・光と闇）に縛られているため、この星にやってくるために多くの叡智、エネルギー、パワー、愛と光をわざと封印してきました。そうやって波動を落とさないとここに滞在することはできなかったからです。人生におけるさまざまな問題や悩みは、魂の課題や学びのために計画してきたものでもありますが、一方で何の悩みや問題もなければ波動が軽くなりすぎてしまい、この地球で肉体を維持することができないという側面もあるのです。

ここでは二元性ゆえの浮き沈みがあり、さらに叡智を封印しているのでどこまでも自分の思い込み（エゴ）の体験をすることができます。高次元には決してない、天災や病気、事故、貧困、戦い、比較、競争があります。それゆえにわたしたちの魂は激しく揺さぶられ、その分の学びも大きいのです。

道端に咲く一輪の花を我がものにしたくて手折ったところから始まった小さなエゴの衝動は、転生毎に雪だるま式に膨らんでいきました。

この宇宙にはカルマの法則（因果応報の法則、ブーメランの法則）があるため、自らが放ったものはかならず時空を超えて自分に返ってくるのですが、過去生のわたしたちには霊的知識が欠如していたので、なぜ目の前にこの辛い現実があるのか分からず、なんのために生きているのかも分からず、それでも生きていかなくてはならないので、苦しみの連続だったといってもいいでしょう。

エゴはついには、他人がどうなっても自分さえ良ければいい、自然や動植物、人間さえも自分たちの利益のためならいくら搾取しても利用しても構わないなどの、さまざまな無意識的な思い込みを持つようになり、盲目的に暴走していったのです。

そうして、愛そのものだったわたしたちは、愛から大きく外れていきました。

ですが、それすらも高次の宇宙が見守る中、必要なプロセスとして起こったのです。愛から離れるほど、深い淵をさまよい歩くことになりますが、清濁併せ呑むことで人としての深みや受容性が増し、封印してきた叡智を思い出していくことができるのです。

③ 魂のシナリオ

生まれる前に、指導霊と共に立てた人生の計画書・設計図を「魂のシナリオ（ブループリント）」といいます。

「魂のシナリオ」は、今までの転生で記憶した未浄化の痛みや怖れ、魂としての傾向、果たしたい目的などがすべて加味され、できる限り浄化でき、気づきや学びを得て愛が深まるように計画されて描かれています。

映画やドラマにも原作の小説や漫画がある場合がありますが、それと同じように、あなたの人生の原作は自ら描いた「魂のシナリオ」なのです。

魂のシナリオは、熟練した魂ほど大まかなストーリーだけを決め、まだ地上での経験値が浅い魂は、事細かに決めてくる傾向があります。どういう両親の元に生まれ、どういう環境で育つかなどは、もちろん魂のシナリオで決めてきています。

魂が決めてきたやるべきことや果たすべき役割などは、多少当初の予定から外れても必ずその方向へと導かれるようにもなっています。

常に平穏無事で喜びだけのシナリオはありませんし、一方で、ただ苦しみだけのシナリオもありません。この世界が二元性の世界であるように、魂のシナリオもまた光と闇を併せ持ち、どちらの要素からも学び、成長できるように計画されています。

魂のシナリオを決める際、大きなカルマや課題がある場合、大抵、指導霊は二、三回の転生に分けてそれをクリアにすることを勧めますが、多くの場合、たとえ困難が多い人生になったとしても、一度の人生で課題をやり切って次のステージへ行くことを願う魂が多いのです。苦難や困難が多い人生を歩んでいる人は、今世でできるだけ多くの課題をクリアしようと果敢に挑戦している魂だといえるのかもしれません。

特に今回の地球はアセンションに向けて急激に波動が上がっていくことが分かっていたので、その波動の上昇に乗じて、目覚めていこうとしている魂も多いのです。

地球の波動が高まると通常よりも短期間で、しかも現象としては軽い体験で過去生からの課題を浄化することができるため、このタイミングを逃すまいと非常に多くの魂が地球へ集まってきています。かつてないほど地球の人口が増えているのもそのためです。

魂レベルのわたしたちは常にバイタリティに溢れ、好奇心旺盛なチャレンジャーです。

きっとあなたの魂もこの地球へ意気揚々と降りてきたことでしょう。

④「思いが現実を創る」の思いはどこの思い？

「思いが現実を創る」とよくいわれています。

ですが、意識は三層構造になっているので、それが顕在意識の思いなのか、潜在意識の思いなのか、超意識（本質）の思いなのかによって違ってきます。

顕在意識で「幸せになりたい」と強く願っても、潜在意識に「わたしはダメな人間だ」と主張しているブロックがあると、潜在意識のほうがパワフルなのでそちらが現実化します。

超意識はあなたの魂・本質であり愛の源泉で、宇宙と繋がっているハイヤーセルフの領域です。超意識からは魂の課題をクリアにし、自身の使命や役割を果たすための純粋な思いや動機が上がってきます。

この本質の純粋波動が顕在意識に向けて常に放たれ続けていますが、潜在意識のエネル

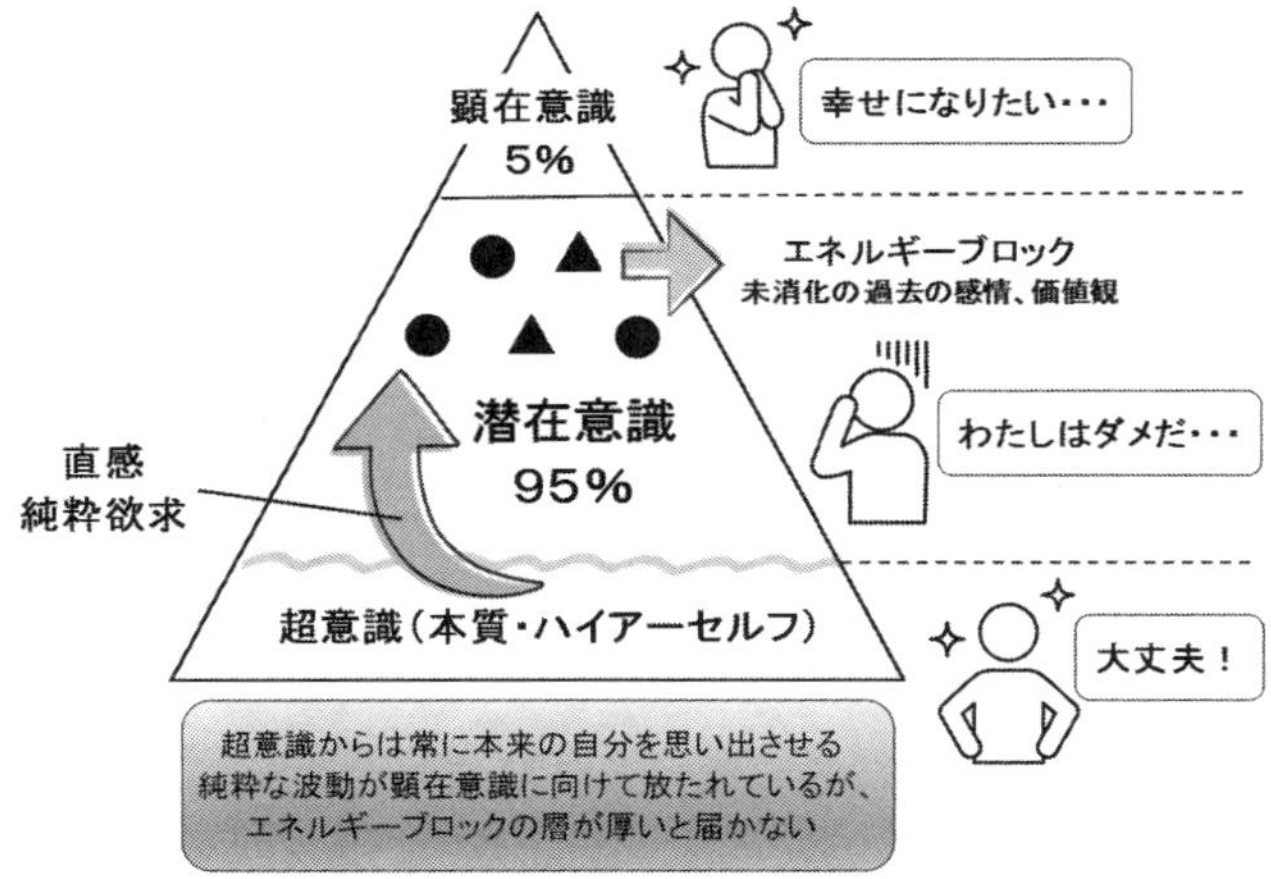

ギーブロックの層が厚いと、それに阻まれ、顕在意識（現実）に届きません。

本質（超意識）の自分がそうしたいと思ったことはすべて実現します。

ですがここ3次元では「本質の思い」と「顕在意識の思い」は乖離《かいり》しています。間にある潜在意識のエネルギーブロックが分断しているからです。本質はどんな現実からも学び成長していこうと望んでいますが、顕在意識はエネルギーブロックの影響を受けて、不都合な現象が起きると誰かを非難し、被害者になり、進むことを拒絶してしまいます。進化発展を望まないエネルギーブロックは、大体の人の場合、五千～一万個あるといわれています。

ですから、3次元においてはいかに本質（超意識）の思いを顕現させていけるかが、霊性進化していく上での大きな課題となるのです。

⑤ 波動が現実を創る

つまり、ここ3次元では、『波動が現実を創る』と考えたほうがピッタリきます。

波動とはあなたの思いや考え方、選択、発している言葉や行動パターン、動機などの質、心の中に宿した思い、過去生から持ち越したエネルギーブロック、今まで積んできたダルマ（徳）などの総和のことです。その波動に見合う現実が顕れます。

過去生も含めた今までの人生の総和が波動として顕れますので、瞬時に波動が変わるということはなく、日々の在り方、意識の持ち方、気づきと学びの成長度合いによって徐々に波動は上がっていきます。

波動を変容させていくプロセスは体質改善と似ています。体質は何か一回だけやったり、飲んだりするだけで変わるものではなく、日々コツコツと継続して取り組んでいくことで変化していきます。波動もまたそれと同じなのです。前向きさ、明るさはもちろん波動を高める一つの要素ではありますが、それだけでは波動は上がっていきません。

波動は、自分の深い部分、闇を昇華した分だけ上昇します。樹木と同じように、深く根を張れば（闇と向き合えば）、その分枝葉も上へと伸びていけるのです。

高次元でももちろん波動が現実化しています。しかし高次元に存在するためには、不調和な思いや過去生からの痛みなどが浄化され、非常にクリアな意識状態でいる必要があります。だからその状態で放つ思いは本質とイコールなので即実現するのです。

高次元こそがまさに「思いが実現する世界」なのです。

３次元は主に過去生からのカルマや課題をクリアにし、学びながら波動を高めていく場ですが、５次元以上の世界は、自分の思いでいかに愛と調和に基づいた創造的な現実を創っていけるかがテーマとなる世界です。学校も学年によって学びが違うように、宇宙も次元によって学びが違うのです。

また、わたしたちは日常のさまざまな選択によって無数の現実の可能性を広げ、その無数の現実のうちの一つに今、意識を置いています。ですが、選択は「そうしよう」と思って選択できるものは実はほとんどありません。

誰にでも「あのときAではなくBの道を選んでいれば良かった。そしたら自分は今頃もっと良くなっていたのに」と思うことがあると思います。でもそのときの波動ではAしか選ぶことができなかったというのが正直なところです。

自由に選んでいるような錯覚がありますが、元々自分が放っている波動によって選択するものは自ずと決まってしまいます。

だからどういう言動で何を選ぶかよりも、波動を整えていくほうが大切です。

波動を形成する要因の中でもとりわけ威力を発するのが、潜在意識にある痛みや怖れ、悲しみなどのエネルギーブロックです。エネルギーブロックは過去・過去生での体験によりインプットされたものですが、ネガティブな感覚なのでじっくり味わうということがされず、未消化のまま残っています。

たとえば、奴隷など搾取される人生を送った魂は、尊厳を奪われた悲しみや怒りが潜在意識に溜まっています。次に生まれ変わっても潜在意識の中身はそのままなので、その痛みが人生に強い影響力を持つことになります。

つまりそれらがブロックとなり、自分の意志を通せなかったり、自分の望みすら分からなかったり、強いと感じる者におどおどしてしまうようなケースを創り出します。また逆に強い怒りから反骨精神を持ち合わせ、社会や権力にやたらと反抗してしまう場合もあります。

どちらも過去生での痛みが作用しているからです。

潜在意識の痛みは、かならず現実に不調和として顕われます。自分の姿かたちは鏡を見れば分かるように、内側は現実を見れば分かるようになっています。

自分にどんな痛みがあるのか分からない場合は、現実で何に反応し、何を否定し、何を問題だと思っているのかを観てください。

「なぜこの現実を観ているのだろう？」

「わたしの中の何がこの現実を創ったのだろう？」

そう問いかけていくことで、蓋をしていた潜在意識下にある痛みや恐れに気づくことができるのです。

コラム③　教えて深緑さん！

心の底から信じたものは叶うよ。ただ、信じるからそれが叶うのではなく、叶うものだから信じることができる。君たちが思っているのと順序が逆なんだよ。心の底から信じられないのだとしたら、エゴの思いのものであるか、自分のブロックがあるから。

でも結局は魂のシナリオどおりに動いている。魂のシナリオは予想外の成長がない限り、シナリオ自体が変わるということはないよ。

Q　現実は選択によって決まるの？　それとも波動によって決まるの？

A　選択によって決まるのだけど、その選択の一つひとつが自分の波動に影響されているものだから、結局のところ波動なんだよ。

⑥ 創造主意識

現実を創る材料（波動）はすべてあなたの中にあるので、そういう意味でわたしたちは自分の現実・人生の創造主です。被害者でも加害者でも傍観者でもなく、人生の創造主なのです。

どんなことに対しても、それを「自分が選んだ、望んだ、オーダーした」という意識を持つことが創造主に戻っていく道になります。

被害者になってしまうと、「この現実はわたしが創ったものではない」という意図がなされるので、創造主としてのパワーはなくなります。正しくは、創造主として被害者を選んでいるのですが、人生を変容させる力は失われるのです。

ですから、創造主として生きることをまずは意図していきましょう。

自分が創造したという意識を持つことではじめて、人生の仕組み、からくりが観えてきます。

「どうしてこうなったのか分からない」ということはなくなり、すべて主体的にその根本要因を見抜いて変容させる力が付きます。

創造主ならば自分好みの現実を創りたいという方向についつい行きがちですが、今の現実に不調和があるのならば、その根本原因を解決することが先決です。

家を建てるときもまずは更地にしてから好みの家を建てますよね？　それと同じなのです。

コラム④　教えて深緑さん！

「被害者」になればなるほど、どんどん「被害者」でないことを思い出させるために「被害者意識」が強くなる出来事を引き起こすんだよ。

Q　不当な扱いを受けたとしたら創造主として観たほうがいいですか？　相手に抗議するというのは本当は違うの？

A 高次元から言わせてもらうと、できる限り創造主として俯瞰して観てもらいたいところだけど、「相手に言うのを我慢する」とはまた違う。

もし怒りが湧くようだったら浄化してニュートラルになった上で言うのであれば、まったく問題はない。むしろ言って解決するのであれば、それを機に浄化が終了したということだから。

言っても解決しない場合はまだ浄化する必要があるということだよ。

Q レビューや口コミに批判やネガティブなことを書くというのはどうですか？

A なにか悪いサービスを受け取ったり、そういう目に遭うというのは、自分の中にそれと引き合う何かがあったということだから、レビューに批判的なことを書いたほうが良いというケースはほとんどないけど動機による。

本当に改善したほうが生産者さんやお店や製造側、これから使う人のためになるという動機で入れる分には良いよ。

⑦ 大我と小我

現実創造には「魂のシナリオ」と「創造主」という二つの要素があります。

魂のシナリオ　……　予め人生のシナリオは決まっている

創造主　……　自分が創っているのだから人生を変容させることができる

これらは一見相反する考え方に思えますが、大いなる意識、ハイヤーセルフともいえる大我視点で捉えているのが「魂のシナリオ」で、個別意識を持った「わたし」という小我視点で捉えているのが「創造主意識」ということになります。

円すいも真横から見ると三角で、上から見ると丸に見えるように、視点によって見え方は変わりますが、同じものを捉えています。

今あなたはこの本を小我である自分の意志で読んでいます。それは創造主としてその現実を選んでいるともいえますが、視点を変えれば大我である大いなる意識によって読まされている（決まったシナリオを生きている）ともいえるのです。

見る角度の違いだけであって、大我も小我もどちらも大切な「我（わたし）」であり、そこに優劣はありません。

魂のシナリオという骨太な基盤の上に、創造主として人生を創り上げていると考えてもらうと分かりやすいでしょう。

魂のシナリオは滅多なことでは変わりませんが、観念や価値観を解放していくことで大幅に波動が上がると変容していきます。

❋　❋　❋

以上の霊的知識をベースに考えてみれば、わたしたちの人生は単なる偶然でそうなっているわけではなく、そこには魂のシナリオや過去生から持ち越したテーマ、あるいは自分の波動などさまざまな要因が重なり、今の人生が創り上げられていることが何となく理解できるのではないでしょうか。

これらを踏まえた上で、次に「なぜ今この現実を見ているのか」という理由をいくつか挙げていきたいと思います。

なぜこのパラレルにいて、この現実を観ているの？

1．同じ周波数、共鳴するものがある

一つ目の理由は、その現実があなたの周波数（波動の指数）と共鳴しているからです。これはテレビやラジオの仕組みと同じで、わたしたちは常に自分が放つ周波数と共鳴するものと出合っています。

周波数というのは波動とほぼ同義で、既に述べたとおり、あなたの思いや考え方、選択、発している言葉や行動パターン、動機などの質、心の中に宿した思い、過去生から持ち越した痛みや怖れなどのエネルギー、今まで積んできたダルマ（徳）などの総和があなたの周波数となり、それと共鳴するものがあなたの世界、あなたの現実に顕われてくるのです。

どんなに自分とは関係ないように見えても、あなたがそれを見ている、聞いているということは、どこかで共鳴する周波数があるということです。

これは同じような周波数帯ということもいえますが、それだけではなく学びのために一見正反対のエネルギーを持っている人とも同じ現実に存在することもあります。たとえば感情を出さない人と感情的な人、いじめられっ子といじめっ子、怠惰な人とやたらと動く人など、それらも互いに引き合っている、つまり同じような周波数帯ということになるのです。

これは、鏡・投影と言い換えることもできます。

鏡・投影の原理

現実は鏡の世界です。そのまま映る鏡や、三面鏡のような鏡、反転鏡もあります。そしてたいていが自分が持っている要素を大きく映し出してくれる拡大鏡です。

長い期間封印し続けたエネルギーブロックは、やがて他者に投影されはじめます。元々自分の中で否定していた部分、見たくない要素だから封印したのですが、封印し続けた結果、無意識の闇の中に埋もれていき自分では発見できなくなっていきます。だからハイヤーセルフは分かりやすく出来事や他者に映し出してくれるのです。

かつてまだ小さかった息子が公園で遊んでいたら、少し年上の子に背中を叩かれるということがありました。息子が泣きべそをかきながら家に戻ってきたとき、わたし、よっつはすぐさま、自分は何を叩いているのだろう？　と考えました。

もちろん、実際に叩いているわけではありません。叩くような波動をいつどこで誰に放っているのだろうということです。

振り返ってみると当時、ある出来事に対して強く批判的な思いを抱いていることに気がつきました。その批判先を叩くようなエネルギーが息子を通して返ってきていたのです。そこに気づくことを宇宙は促していたのでした。

鏡の法則は自分を否定したり罪悪感を抱くために使うのではなく、ただ気づいていくために使ってください。わたしたちは皆学びの途中なので、不調和な思い、言動は誰にでもあります。そしてそれが悪いわけでもありません。すべてを学びと気づきの材料にしていくためにあります。

鏡の法則は、表面的に見える言動が鏡のときもありますが、動機の部分が鏡であることも多いです。

たとえば、正反対の意見で対立している二人がいたとすると、どちらの動機にも「正しさ」があります。その二人は意見は違えど同じ「正しさ」の周波数で引き合っているのです。

自分の内から湧き上がる感覚、たとえば無価値感や罪悪感なども、鏡の視点で観ると、自分が誰かや何かに対して無価値を与えている、つまりその存在の価値を認めず、否定している部分が鏡として返ってきていたり、罪悪感であれば、相手に罪悪感を覚えさせているのが返ってきている場合もあります。

その現実や出来事のどういう部分が自分と引き合っているのか、どういう要素が鏡として映し出されたのかという視点は、わたしたちの視野を広げ、その現実から脱していく大きなヒントになるのです。

2. 自分が信じたもの、信じた世界を観ている

二つ目の理由は、「自分の信じた世界を観ている」ということです。わたしたちは、無意識的に自分が信じたもの、信じた世界を観ています。信じているものは映画のフィルムのような役割を果たし、あなたの現実というスクリーンに絶えずその映像が映し出されることになります。

その現実を観ているということは、自分は何を信じているのだろう？ と問いかけてみましょう。

僕ぐるぐるが以前本を出版させてもらったときの話です。

本を出したいと思い、企画書をいくつかの出版社に送って見てもらったことがありました。そのうちの一つの出版社の編集長が「詳しく話を聞きたい」と声をかけてくださいました。

これは本を出せるチャンスだと意気込んでその編集長に会いに行ったのですが、編集長

からは企画についてよりも、「あなたにはどういうスピリチュアルな特異な体験や経緯があるのか？」「それは本を出すに値するものなのか？」など、なかなか厳しいツッコミが入り、最終的には「この企画を採用するかどうかは少し検討したい」と言われました。

編集長自らのオファーでしたので、スムーズに行くと思っていたのが思わぬ厳しい対応に少し驚いてしまったのですが、これも自分が創造している現実です。何がこの編集長の言動を創造したのかを内観してみました。

すると、やはり僕自身が「スピリチュアルな分野で出版するには、突出した特別な能力や体験がいる」とどこかで信じていたのです。

編集長が「僕が今まで担当したAさんはすごい悟り体験があって、Bさんは優れたチャネラーで、Cさんは小さい頃からの霊能力者でいろんなものが見える人でした。ぐるぐるさんは何ができますか？」と言われたのですが、まさにそれは自分が感じていた突出した能力や体験がいるという思いを象徴した言葉でした。

でもその編集長との打ち合わせの帰りの電車の中で、「本当に自分には突出したものがないのだろうか？」と考えました。

僕は浄化や内観、価値観解放をずっと実践し、人生が大きく変わりました。そしてそれらを発信して、よっつと共に何千人ものクライアントさんとのセッションを行って、多くの人の気づきと変容をサポートしてきました。

ヒーリングやリーディング、チャネリングも好きで得意だったので、セッションではそれらの要素も取り入れていましたが、それだけに頼らず、現実の出来事から宇宙や魂が示すメッセージを自分で読み解くメソッドを確立し、自分で気づきを得ながら目覚めていける方法を実践してもらっていました。

問題や悩みの原因をこちらが一方的に伝えて解決するよりも、自分で気づき解決する力を身に付けてもらうことは、多くの人の幸せや目覚めに直結しています。それをブレずに伝え続けてきたことは誇りに思ってもいいんじゃないだろうか、と改めて今までの自分の経験や生き方を心から認めることができたのです。

その気づきを得て家に帰ってくると、その編集長から「先ほどはあけすけに言いすぎてしまい、すみませんでした。企画を上に通したいと思います」という内容のメールが来ていて、結果的に企画が通り、無事出版できることになったのです。

まさに自分が信じていた思いが変わることで、現実が変わった出来事でした。

お陰さまでその本『地球ミッション』は高評価を得てAmazonのランキングでも一位を取ることができました。

宇宙は狭い視点に陥っている部分を改善し、より大きな視野で自己受容するきっかけを与えてくれます。改めて自己受容するきっかけを与えてくれた当時の編集長にも感謝できる出来事でした。

3. カルマ解消

あなたがその現実を見ている理由の三つ目は、「カルマ解消」のためということです。

ですがカルマ解消の前に、まずは「カルマの法則」について詳しく知ってもらいたいと思います。

「カルマの法則」は愛のシステム

この宇宙には、霊的法則がいくつもあります。次元によって、メインとなる法則は違うのですが、ここ3次元地球では「カルマの法則」がそれに当たります。これは「因果応報の法則」「ブーメランの法則」と内容は同じです。

カルマ（業、行為）という言葉が怖く聞こえるので、「何か悪いことをしたら罰が下る」という意味に勘違いされがちですが、そうではありません。「蒔いた種はいずれ自分自身が刈り取らなくてはならないよ」ということで、もっと簡単に言うと、「作用反作用の法則」です。

――硝子のコップを落としたら、割れた。
――机を叩いたら、手が痛くなった。
――投げたボールが壁に当たって、返ってきた。

これが作用反作用です。

自分が投げたボールを、時空を超えてそのまま受け取るという体験があるからこそ、無意識に投げたボールがどういうものだったのかを知ることができます。そこから学ぶこと、気づくことができると、霊性が深まっていくのです。

３次元世界にいるわたしたちは、目覚めていない無意識的な生き方をしていることがほとんどです。意識的ではないから、自分の放った思いやエネルギーにも無頓着です。それを教えてくれるのが「カルマの法則」です。これは、無意識に放ったものに気づける「愛のシステム」と言い換えることもできます。罰ではなく愛なのです。

この「愛のシステム」がないと、未熟なわたしたちはどこまでもエゴを増長させ、不調和な行為にストップをかけて自分を省みる機会を失ってしまうため、結果的に自分自身が今よりもずっとずっと大変なことになります。

たとえば、外でゴミをポイ捨てしたとします。その奥には「自分さえ良ければいい」とか「面倒なことは誰かに押し付ければいい」という自分本位なマインドが潜んでいます。するとその人の世界では、その自分本位なエネルギーが返ってきて、自己中心的な人が現われ、面倒なことを押し付けられる現実や、思いやりや温かみのない殺伐とした（ゴミ溜めのような）世界が広がっていく可能性が高まります。

「なぜこういう現実なの？」「なぜこういう人と出会っているの？」という疑問が湧いたなら、まずは自分がかつて世界に何を放ったから、今これを受け取っているのかを探ってみる必要があります。宇宙の秩序は、『与えたものしか受け取れない』なので、かならず自分が与えるほうが先になります。

常にカルマの法則が働いているからこそ、ちょっと進んでは立ち止まり、またちょっと進んでは立ち止まるということができ、少しずつ修正をかけ確実に霊性は深まっていきます。

つまり、霊性進化は「カルマの法則」なくして深めることはできないのです。

これは、ネガティブなものだけではありません。優しさを放ったら優しさが返ってくるし、励ましやサービス精神などのポジティブなものも与えたら与えただけすべて返ってきます。生まれながらにして持っている能力や得意なものは、過去生でそれを使って多くの人を喜ばせたり、助けたりしてきたダルマ（徳）があるともいえます。

仮に「カルマがない」となると、「作用反作用」や「原因と結果の法則」がないということになるので、何を放っても「何も起きない」「何も起こせない」ということになり、すべてが「偶然」「たまたま」ということになります。この世界はすべて必然で、偶然もたまたまも、運良く、運悪くも本当はありません。

宇宙に賞罰はなく、それどころか一切の判断を入れずシステマティックにそのままを本人に返してくれるこの法則があるから、現実は理に適ったものになっていくのです。

宇宙は公平で平等

だからこの宇宙に不公平は存在しません。

誰かに裏切られたのだとしたら、かつて、誰かを裏切ったからといえます。魂は、そのカルマ（霊的負債）を返したいと願い、今回は裏切られるという体験をシナリオに描いてきました。これがカルマ解消です。

そうすることでカルマが清算される上に、「裏切られるってこんな感じなんだ」ということが分かり気づきに繋がり、次に誰かを裏切ることもなくなっていくのです。

「どうしてわたしだけがこんなひどい目に遭うの？」と思うことがあるかもしれませんが、

それもやはり受け取るべきカルマで、それを望んだのは自分です。それに決して悪いことが起きているのではありません。症状即療法と同じで、それそのものが療法（解消）なので魂にとっては喜ばしいことになります。そして、そこから何に気づき学んでいくのかが大切なのです。

「あの人は恵まれていてズルい」と感じたとしても、その人は過去生で徳を積んだからそれが返ってきているだけ。仮にズルをして良い思いをしているとしたら、その不調和もいずれかならず返ってきてそこから学ぶプロセスが訪れます。

つまり宇宙、そしてこの世は、完璧なカルマの法則が行き渡っているので、絶対的に公平で平等です。このことを知っているだけでも、心はぐ〜んと楽になります。

カルマ解消は、「かつて自分が与えたものを受け取って解消する」というのが一般的ですが、それだけでなく魂の転生の中で、まだ学びが完了していないものや未解決のものを、再度同じ相手に出会い、同じようなシチュエーションを通して学び解消していくというパターンもあります。

たとえば、過去生で理解し合えなかった人と再度出会って今度は理解し合うという設定や、過去生ではみんなで達成できなかった目標を、再び出会ってビジネスを通して達成するなどの場合もあります。

過去生では一つの村や集落で生活を共にしていた人々が、今世ある映画館で偶然（実は必然）みんながいっしょになり、その映画の悲しいストーリーで全員号泣して過去生の村の時代の痛みを解放するなど、互いの中に残っていた感情をプチ体験することで解放し合う場合もあります。

過去生の戦でやり合った人同士が、スポーツやオンラインゲーム上で戦って当時のエネルギーを解放するというのもカルマ解消の一つです。

今、その人と出会っているその状況があるということは、そこでのカルマ解消、何らかの過去生からの回収作業を行っているのです。

きかんきの強い息子にカルマ解消させてもらった

わたしたちの息子は五歳くらいまでものすごく気性が激しく、ちょっと自分が気に入らないことがあると手が付けられないほど泣きわめき、息子が納得するまで何度もやり直しをさせられるという状況でした。

たとえば息子を抱っこして階段を上がろうとしたら、一段目を息子が望む足から上がらなかったという理由で泣きわめき、再度下まで降りて上り直さなければならなかったり、シュークリームを買って帰ると、カスタードではなく期間限定のイチゴ味が良かったと泣きわめき、もう一度買いに行くしかなくなったりと数え上げればきりがないほど多くのやり直しをさせられました。

そんなのもっと言い聞かせるか、放っておけばいいのにと思われるでしょうが、本当に手が付けられないほど激しく長時間泣きわめくので、わたしたち夫婦もそうせざるを得なかったのです。

夜になると息子は、特にどこかに湿疹が出ているわけではないのに体中がかゆくなり眠れないため、体のあちこちを息子が寝付くまで三十分以上掻いてあげなくてはなりませんでした。途中で寝たと思ってやめると、また「かゆいかゆい」「走って走って」（もっと早く指を動かせという意味）と言い出すので、こちらも眠気で意識が朦朧《もうろう》とする中、掻き続けなければならないという状況でした。

いったいなぜこんな大変な思いをしなければならないのだろう……と疲れ切っていたのですが、カルマ解消という視点で捉えると一つ納得のいく理由がありました。

僕ぐるぐるの過去生で女性だったとき、後継ぎとしてどうしても男の子を産まなければならない状況だったのに、女の子が生まれたため、自殺してしまったということがありました。

ひどく非難され、役立たずのレッテルを貼られた状況などがあったのかもしれませんが、いずれにせよ幼い娘一人を残して自分の都合で死んでしまうというのは、親として許されることではありません。その子を逆に守り、しっかりと育ててあげなければならなかった状況を放棄してしまったのですから、大きなやり残し、カルマが発生したはずです。

その過去生のカルマ解消と捉えるのなら、息子に何度も癇癪《かんしゃく》を起こされ、怒られながらやり直しを続け、夜は息子に指示されるままに体中を掻き続けなければならなかった状況も納得がいきます。

チャネリングによると、息子は過去生の僕（母親）に見捨てられた子どもの魂ではありませんが、彼は僕が本来果たすべきだった育児のやり直しをさせてくれ、無意識層にあった罪悪感の浄化を手伝ってくれたそうです。ほかにも僕がその過去生の罪悪感から、今世で家庭内のいろいろなことを自分の責任にしてしまうところの浄化も担ってくれたようです。

よっつのほうはまだ小さい娘の世話に手がかかるということもあり、息子は主に僕の担当でした。

息子は常に僕に抱っこされ、指であっちへ行け、こっちへ行け、そうじゃない！　と指示を出しまるで王様のようでした。僕はそれに従う乳母、いや僕《しもべ》のようでした

過去生では育児を投げ出してしまった僕でしたが、今世はとことん息子と向き合い、お世話をし続けました。確かに大変ではあったのですが、どこかでお世話できている幸せも感じていました。それはきっと過去生で放棄してしまった育児を、これによってやり直させてもらえている喜びを深い部分で感じていたのでしょう。

もちろん浄化や内観も実践し、息子から多くの気づきや学びも得ることができました。

そんなある日の夜、息子は突然体を痒がらなくなり、その日以降、寝るまで掻き続けなければならない状況はなくなりました。

それに伴い、息子の激しい気性や、やり直し癖も徐々に緩まっていったのです。きっと過去生のカルマ解消が完了したのでしょう。

その後、息子は信じられないくらい素直で軸の通った、成熟した人間へと成長していきました。外では引っ込み思案だった性格も一変し、今では何事にも積極的にチャレンジし、学校全体を盛り上げる役割も担っています。

カルマ解消にもいろいろなパターンがあり、軽く出会って終わるものもあれば、僕と息子のようにガッツリとやり残しを完了させるものもあります。

出来事の中には「分かりました。この状況、全部引き受けてやり切ります」と宇宙に宣言して腹をくくると、意外とスムーズに完了していくものも結構あります。

それはあなたの魂がやり切りたいことであり、次のステージに進む上で必要な体験ですので、現実を素直に受け入れて、今自分ができることに尽力していくことで大きく改善していきます。

ちなみに僕は男三兄弟の末っ子として生まれました。

両親は、三人目はどうしても女の子が欲しいということで、産み分けのために食事を変えるなどいろいろ工夫したそうですが、結局生まれてきたのは男である僕でした。そのときの両親のがっかり度合いは想像に難くありません。

だからなのか、僕の幼少期の写真はあまりなく、上の兄たちが貰っていたお年玉やクリスマスプレゼントも僕が小さい頃に早々に終了し、本来受け取れるものを受け取れなかったという思いが残っていました。

でもこれも過去生に、男の子を生みたかったのに女の子が生まれて、その子に対して落胆したことや、本来その子が受け取れたであろう母からの愛情を与えなかったカルマとして観るならとても納得がいきます。改めて宇宙は完璧です。

コラム⑤　教えて深緑さん！

Q 他の人のチャネリング情報に「カルマの法則はあると思えばあるし、ないと思えばない」とありました。

A 「あると思えばある、ないと思えばない」というのは基本的にすべての事柄に当てはまると思ってもいいんだけど、どの範囲で捉えるかによって違う。基本的に3次元だとカルマの法則は信じても信じなくても「ある」。説明が難しいけどカルマの法則を知らない人は、「カルマの法則を知ることができない」というのが一番のカルマ。

だからそれによって自分がやったことがすべて完全にカルマとして返ってくることに気づけないというカルマが常にあるから、それによって本来自分が受け取るべきカルマというのがマックスとしては来ない。分かったときに返ってくるよ。

（分からないまま幾度の転生も切り抜けられるってこと？）

でも分かったほうが絶対に上に行ける。進化するためにはどこかで知る必要がある。最終的には皆知れるようになるんだよ。

Q エネルギーヴァンパイアという考え方について

A エネルギーヴァンパイアが自分のエネルギーを吸い取るというより、自分がその人に対してエネルギーを消費していると考えるのが正しい。

自慢ばかりするエネルギーヴァンパイアなら、自分の劣等感が刺激されると思われているけど、自分の中に劣等感があるからそれに気づいてもらうために宇宙がその人を出現させた。

だから「この人、エネルギーヴァンパイアだな」と思ったら、その刺激された感情を浄化してあげないといけない。

その感情、もっといえば価値観が浄化できたならばエネルギーヴァンパイアのことが気にならなくなるし、相手の人がエネルギーヴァンパイアではなくなるし、そういう人が周りから出てこなくなるんだよ。

4．その現実から学べるもの、得られるもの、磨かれるものがある

四つ目の理由は「その現実から学べるもの、得られるもの、磨かれるものがある」ということです。

わたしたちの魂は多くの体験を設定して、そこから学び成長していきます。

なぜこんな体験をしているのだろう？　と感じるときは次のように問いかけてみてください。

「この体験から何を学んでいるのだろう？」
「この体験を通して何を得ようとしているのだろう？」
「この体験で磨かれるものって何だろう？」

そう問いかけることで、否定的に見えていた現象も愛と感謝の対象へと変わっていくのです。

夫のＤＶによって蘇ったものとは……

クライアントの絵里子さんは夫からＤＶを受けていた時期がありました。もう十年以上も前のことです。今は夫もそのことを心の底から謝ってくれて元の優しい人に戻り、絵里子さんも許したつもりでした。

でもふとしたときに「あのときわたしにＤＶしたくせに、偉そうなこと言うな」「どれだけいい人に見せられても、この人はわたしにＤＶした人だ」などの声が心の中から聞こえてくるのです。

普段は夫を信頼して仲睦まじくやっているのに、ふとしたときにそういう声が聞こえてくることに絵里子さんは苦しんでいました。

セッションで深く探ると、絵里子さんは元々自信がなく、「わたしなんか……」という思いをいつも感じていたことや、深いところにある罪悪感などが浮上してきました。

絵里子さんの場合はこれらがＤＶを受けることを創造した要因であることは間違いありません。ＤＶを受けたからそうなったのではなく、過去生から持ち越した思いがあったから、その現象を創造したのです。

それらを癒し、自信のなさや罪悪感なども解放していきました。

次にこの出来事から何に気づけたのか、何を得ることができたのか、どんな恩恵があったのか、というところを観ました。これこそが魂の成長、学びに繋がるのです。

絵里子さんは幼少期から独善的な祖父の支配下にあり、口ごたえすることも許されませんでした。小中学校でもクラスメートからいじめられることがありました。

でも絵里子さんはただただ耐え、「明日もいじめられるのか……」と半ば諦めながらも学校に通い続けたそうです。本当はいじめられると分かっているなら、学校に行かないという選択もできたはずです。

でも絵里子さんは反論もしなければ、「逃げる」という選択肢さえ自分に与えなかったのです。「逃げる」「避ける」「抵抗する」という選択が自分にあるということが思いつかなかったといいます。幼い頃から祖父に抑えつけられてきたので、それが当たり前になっていたのでしょう。

でも夫にＤＶを受けたとき、生まれて初めて心の奥底から「わたしに対してそんなひどいことをするな！」という怒りが湧き上がりました。抗うことができました。そして逃げてもいいんだと自然に思えたそうです。

今までの人生、そして過去生では「こういうことをされても当然。黙ってそれを受けるしかない」という思いしかありませんでした。

でも夫にされたときに初めて「自分への尊厳」つまりは「自分への愛」が深いところから顕れたのです。

『大切な大切なわたしという存在にそんなことするんじゃない！』と。

つまり一時的に暴力をふるったご主人は、絵里子さんとの魂の約束で「自尊心」を目覚めさせる役を担ってくれたとも言えるのです。いささか荒療治ではありますが、それが絵里子さんにとってはカルマ解消もできて一番良かったのでしょう。

最悪と思えることも癒しと統合への布石

もちろん、ご主人がしたことは3次元的な観方をすれば許されることではありません。ご主人にとってのカルマ（霊的負債）にもなります。

ですが忘れてはならないのは、どんなことも互いの魂の約束の上で起こっている共同創造だということです。被害者、加害者というステージを抜けて、創造主として現実を観なければ何も根本的な解決はできないし、癒しも起きません。それどころか同じテーマを持ち越し、また転生しても似たようなことをやらなくてはいけなくなるのです。

ご主人は中学生のときに母親が家を出て行き、愛を渇望していました。埋まることのなかったどうしようもない悲しみが、妻である絵里子さんへの暴力（女性への復讐）という形で出たのかもしれません。

そうやって自分自身のカルマに飲み込まれたことと、絵里子さんの自尊心を取り戻させることが同時に起こったのです。

宇宙はその人のカルマを利用しながら、ほかの誰かに気づきをもたらすということを常にしています。それはやはり絵里子さんとご主人がとても仲の良いソウルメイトだったからなのでしょう。

セッションでそれに気づいた絵里子さんは「あのときは気づけなかったけれど、そういえば夫のお陰でわたしは声を上げられるようになったし、逃げても良いんだと初めて思えたんです！」と涙ながらに言いました。

絵里子さんの転生の歴史の中でも大きなテーマだった「自分への尊厳」は、こうやって取り戻すことができました。

おそらく過去生では、奴隷や下僕のような体験を何度かしたのだと思います。そのときの痛み（逃げてはいけない、抗ってはいけない）は幾度もの転生を経て、今回このような形で浄化統合されていったのでした。

また奴隷だけではなく、権力者側も何度もやって誰かや何かを支配していたのだと思います。そのときのカルマもあったので、今回祖父の支配下に置かれたり、いじめられたり、DVを受けたりしたのでしょう。それも絵里子さんの魂が自身の学びのために望んだことなのです。

大きな気づきを得た絵里子さんは、以来ご主人に腹が立たなくなり、いろいろなことが楽になっていったそうです。

この体験をなぜしたのか？　ということを紐解くことで、真の赦し・受容が訪れます。

そして自分が創造主としてあらゆる状況を創ったということを理解するほどに、わたしたちは真のパワーを取り戻していきます。


何度も人としてこの地球に生まれ変わってくることで、過去生から溜め込んできた痛みや恐れが癒されていきます。

絵里子さんのご主人のＤＶのように一見最悪なことが起こったと思っても、その実、それそのものが「癒しと統合への布石」なのです。３次元的な感覚では受け入れがたいかもしれませんが、これが宇宙のやり方です。


目に映るすべての人が「わたし」の霊性進化のための最善の働きをしてくれています。

この世的に観れば良くない出来事も、魂の視座から見直すと絵里子さんのご主人のような役割を担ってくれているのです。

そしてそれに気づくことができると、負の出来事は感謝の出来事へと変容していきます。

望みが叶わないからこその恩恵

なぜその現実を体験しているのかを改めてまとめると、

①共鳴している要素がある・鏡の部分が投影されている
②自分の信念、観念がその現実に反映されている
③カルマ解消のため
④学びのために設定している現実

などの理由があることが分かったと思います。現実を変えていくためには、まずこれらの要因をクリアにして、学びや気づき、恩恵を受け取っていくことが先決です。

よく「望めば叶う」「決めれば叶う」「思えば叶う」ということがいわれます。確かに量子力学の世界でもわたしたちの意識によって世界が創られていることが証明されています

が、量子力学的には、望みを叶えるためには100％疑いなく望み、信じることが求められています。

しかし、人間である以上、100％信じ切るなんて中々できることではありません。仮に顕在意識では強く信じ切れていたとしても、潜在意識ではそう思えていないことも多々あります。

たとえば、顕在意識では「お金が欲しい、豊かになりたい」と思っていたとしても、潜在意識では「豊かになるためには苦労しなければいけない」「お金は争いの元だ」「自分にはそこまで豊かさを得る価値はない」などの思いがあるとすれば、スムーズにお金を得たり、豊かになることは難しいのです。

この場合、潜在意識下のブロックを悪者扱いして、排除しようとしてしまいますが、実は、この思いどおりでない状況に向き合っていくことに大きな意味と価値があります。

表面ではお金を欲しいと思っていたけれど、よくよくそのストレスの原因に向き合ってみると、本当は自分の才能や能力を十分に発揮できていないことに不満や不足感を覚えていたと気づけるかもしれません。

また、自分が望む本当の豊かさは、単にお金を得ることではなく、同じ価値観や方向性の人と繋がり合い、協力し合って生きていくことだったと気づくかもしれません。あるいは豊かさを得る価値はないと自分を過小評価していた原因に気づき、自己受容が深まるきっかけになるかもしれません。

それは望みどおりスムーズにお金が入ってきていたとしたら、決して考えることもなく得ることができなかった学びなのです。

僕、ぐるぐるは大学卒業後、音楽で身を立てようとしましたが上手くいかず、その後、自分の才能を生かせられるような望みどおりの仕事に就けない悶々とした期間をすごしました。結果、それが精神世界への扉となり、よっつとの出会いにも繋がりました。

また、よっつのほうも第1章でお伝えしたように、魂が喜ぶ仕事を中々見つけることができず、結婚という望みもスムーズに叶わなかったからこそ、多くの学びを得、カルマ解消もなされました。そして、天職となるスピリチュアリズムと出合いました。

そうやってわたしたちふたりは、自分自身を最大限に生かすことのできる現在の仕事へと導かれたのです。

多くの人がさまざまな望みや願望を抱いていますが、それをスムーズに叶えていける人はそう多くはありません。それは法則的に言えば100％それが叶うことを信じ切れておらず、そこに疑いや恐れ、望みを阻止するブロックが潜んでいるからということになります。

しかし、その望みを叶えることをストップさせている要因にこそ、わたしたちをより大きく成長させる深い学びと気づきがあります。

まだまだ学びの途中のわたしたちです。せっかくの学びの場である３次元地球において、スムーズに望みが叶わないというのはある意味宇宙からの恩恵でもあります。叶わないからこそ自己を振り返り、葛藤し熟考し、やがて宇宙の真理に近づいていくのです。

第4章

3次元から5次元へシフトしていくために

今は3次元から5次元への移行期

パラレルシフトを知っていく上で、今地球に起きている変化を知っておくことはとても大切です。

地球の波動が上昇しているということはすでにお伝えしましたが、それは別の言い方をすれば、「地球が3次元から5次元へとシフトしはじめている」ということでもあるのです。既に5次元地球は存在しているので、そこに統合しようとしているといったほうがより適切かもしれません。

惑星自体もわたしたち人間と同じように意識や魂を持っており、進化、成長していきます。そのプロセスの一環として、今、わたしたちが住む地球が、今までの3次元という枠組みを超えて、5次元への移行を進めているのです。そして当然、それに伴ってそこに住むわたしたちもまた同様に5次元へとシフトしていかなければなりません。

これはいわゆるアセンション（次元上昇）といわれるプロセスで、地球だけで起きていることではなく、大きく見れば、太陽系全体、銀河系全体、宇宙全体で同時に起きていることです。

太陽系で5次元への移行を果たせていないのは地球だけで、あとは地球の次元上昇を待つのみとなっています。地球が5次元へシフトしなければ、太陽系、銀河系、宇宙全体の進化が遅れることになるため、すでにこれは決定事項となっています。

今までは地球自身（地球は女性性がガイア、男性性がテラという意識体です）が、そこに住まうわたしたち人類の進化を待ってくれていたのですが、なかなか人類の意識変化が進まずもう待ったなしの状態になってしまったため、本来はもっとゆっくりと進んでいく波動の上昇が、昨今、非常に急激に上昇してきたのです。

全員でいっしょに5次元にアセンションすることを地球意識は望んでいましたが、まだ3次元に居続けたい魂も多く、今は個人アセンションに切り替わりました。

地球の上昇の流れに乗っていくのか、留まるのかはわたしたち一人ひとりの自由意志に委ねられています。

3次元ピラミッド社会から5次元フラワーオブライフの世界へ

3次元とは、今までわたしたちが住んできた慣れ親しんだ世界です。ご存じのように過去、現在、未来という直線的な時間軸があり、良い悪いなどの二極的な価値観に支配されています。

その中で世間一般に良しとされているもの、正しいとされているものに従って、成功を目指して頑張っていかなければなりません。しかし、誰もが成功できるわけではなく、競争社会を勝ち抜いた一部の人だけがそれを手にすることができます。

3次元は基本的に力ある者が上に立ち、下の者を従えていくピラミッド社会で、「分離」がベースとなった世界です。

この「分離」がベースの世界で、「わたし」という存在は、世界や他者と切り離されたどこかちっぽけな存在です。そんな中、上下観、比較、競争、優劣が常に存在している世界を必死で生き抜いていかなければならず、真の意味で満たされ、安心できることはなかなかありません。

３次元はまさに集合意識の次元で、多くの人が正しいと信じたことに従って生きてきた世界なのです。

こうして改めて３次元という世界を見直してみると、何とも大変な世界ですが、これもまたわたしたち自身の魂の設定で、あえてこういう世界を望んで生まれてきたのです。

３次元世界は、他の次元と違って強烈な個としての体験、「わたし」という世界を味わっていくことができます。だからこそ過酷な比較競争の中で葛藤を抱えながら、個人としての資質や能力を磨き、自分とはまるで違った価値観や考えを持った人と出会い、対立や受容を通して意識を広げることができます。

また、成功したり、失敗したり、光と闇を通して３次元ならではの「わたし」にまつわる喜怒哀楽のドラマを思う存分味わうこともできるのです。

そうやって何度も転生しながらわたしたちはこの３次元で経験値を積み、学びを深めてきました。それが終焉に近づいた今、地球はいよいよ５次元へのシフトを始めたのです。

５次元は３次元と違い、〈自分〉対〈世界・他者〉という分離感が薄れ、いわゆる「ワンネス」をベースとした次元で、あらゆる人や存在との繋がり、世界との一体感が感じられる領域です。

二極的な価値観も薄れ、良い悪いや、誰かと比較して優れている、劣っているという感覚もなくなり、自然とそれぞれがすばらしく価値があると思えるようになっていきます。

当然、競争社会ではなく、各自が自分の才能や能力を生かして、協力し合っていく世界です。

3次元のようなピラミッド社会ではなく、ひとり一人がフラワーオブライフの一点を担い、全員が繋がり合い、無条件の愛を互いに与え合うことで全体が輝く世界になります。

時間の流れも3次元のように直線的ではなく、「今」に過去も未来も内包されていて、「今ここにすべてがある」ということが当たり前の感覚になってきます。

その結果、テレポーテーションや同時にいろいろな場所に存在するバイロケーションも可能になっていきます。

3次元と違ってみんなが家族のような感覚なので、自分のものとして何かを所有する必要もなくなり、損得のない与え合いやシェアが基本の世界なのです。

なかなか信じられないような世界かもしれませんが、確実に地球はそういった次元へと向かっています。

過渡期を乗り越える

今、地球はまさに3次元と5次元の過渡期にいます。

この時期は、今までの3次元的な枠組みや価値観が崩れ、新しい流れが生まれてくるため、いろいろな混乱や葛藤が生じやすいときです。

今までの常識、やり方が通用しなくなり、良しとされていたもの、すばらしいとされていたものが崩れて、一時的に自分の拠り所を見失ってしまうことも起きてきます。

そこで今までどおりの3次元的な安心、安全を重視した古い価値観で生きるのか、自分の本心、本質に従い5次元へシフトアップしていくのかが一つの分岐点になります。

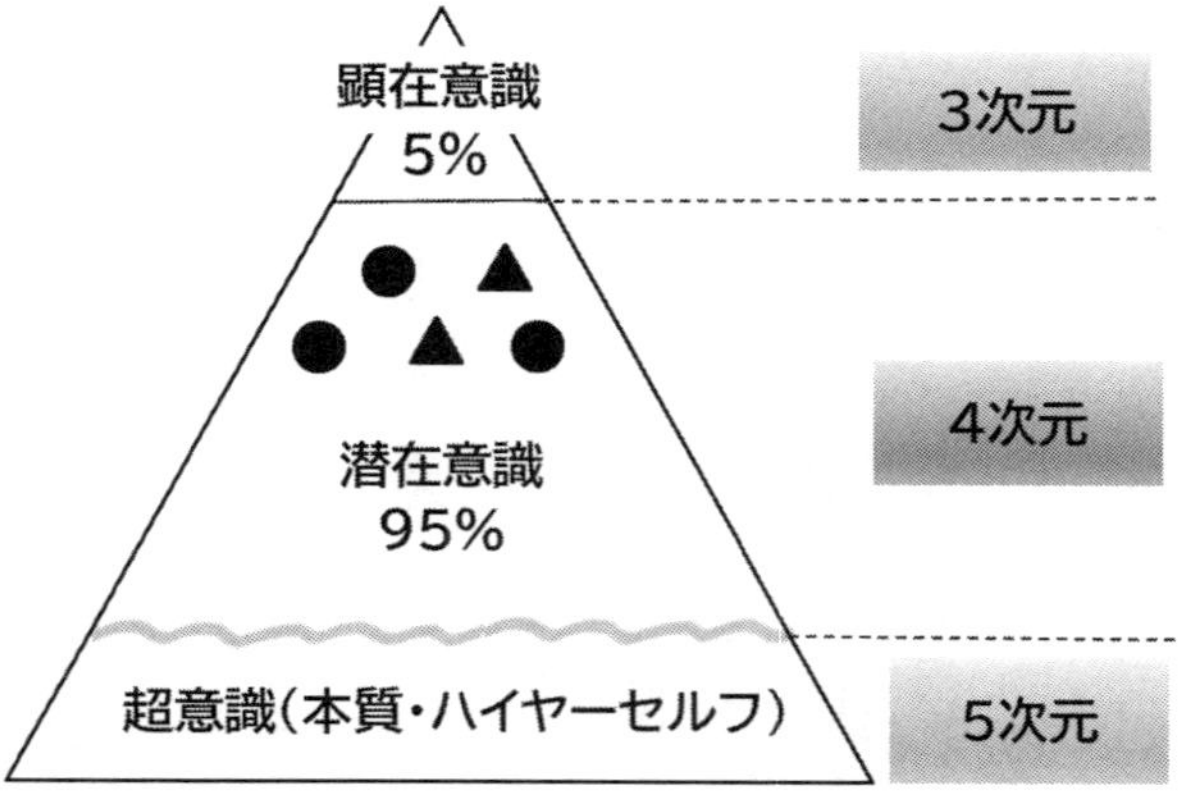

たとえば金融危機が起きて、今までの貨幣価値が大きく変わった場合、多くの人は混乱するはずです。そこで自己保身に走り、何とか自分たちだけ生き延びようとするのか、周囲との協力や協調を通じて、お金というシステムだけに頼らない新しい生き方を模索していくのかによっても、また進むパラレルは変わってきます。

意識レベルにたとえるなら、3次元は表面的な顕在意識主体の次元、4次元は潜在意識の次元、5次元は超意識、いわゆるハイヤーセルフの次元です。

5次元へ移行するというのは、顕在意識が超意識（ハイヤーセルフ）と繋がり、ハイヤーセルフの意図を素直に顕在意識で受け取り、行動に移していける段階を指します。

そのためには、顕在意識と超意識との間にある潜在意識に滞っているさまざまな二極的な観念や思い込み、抑圧してきた感情の解放が必要です。

コラム⑥　教えて深緑さん！

Q 安定について

A 3次元で安定を求めるのをやめるのはなかなか難しいことだと思うんだけど、宇宙から見たら地球人が思っている「安定」というのは、すごく循環を妨げる、澱ませるものだから逆に不安定にさせる。

常にエネルギーが動いて循環することで宇宙は安定するという仕組みだから、自分だけが安定しようとすると、エネルギー的には不安定になるということだよ。

むしろ「不安定なほうがいい」くらいの気持ちでいるといいよ。

Q 気に入っていたコーヒーマシンが二年でダメになり、次に購入したマシンは味が好みではありません。

A 君たちの一家は家電で浄化するという傾向がすごくある。なぜかというと家電が壊れても、きちんと感謝して捨てられるから。それに家電が入れ替わることでエネルギーの循環が起こるからということもある。

基本的には宇宙は一番良い浄化の形をとってくれるから、君たちの場合はそれが家電なんだよ。

それから、コーヒーは絶対おいしいのがいいというこだわりが強いから、そのこだわりを手放すことも大事だよ。

Q 折り畳み傘を落としました。

A バスの中で落として、今、小学生の男の子が使っている。その子のお母さんが拾ったよ。

エネルギー的な理由としては、君の波動をその人たちに循環させる、渡す必要があった。波動の循環という意味で起こる必要があったんだ。

潜在意識をクリアにする

第1章の「韓国不思議浄化体験」でも書きましたが、潜在意識にある過去生から持ち越した痛みや恐れ、悲しみなどのエネルギーブロックは、わたしたちの人生にとても大きな影響を与えています。

誰かに否定されると身体や心が硬くなったり固まったり、反発心が湧いたりすると思いますが、潜在意識下のエネルギーブロックもこれと同じです。

エネルギーブロックはネガティブな感覚のものが多いので、知らない間に否定していることがほとんどです。たとえば意地悪な思いが湧いてしまったとしたら、あなたは即座にその思いを否定し、そんなことを思ってしまった自分をジャッジしているはずです。

あなたに否定されたエネルギーは固まり停滞します。

エネルギーブロックが潜在意識にたくさんあると、超意識（ハイヤーセルフ）からの直感や愛が顕在意識にたどり着けなくなってしまいます。（P123の図・参照）するど、わたしたちはたった5％の顕在意識だけで生きていくことになり、すべてを見通した宇宙の導きはほとんど入ってきません。さらに潜在意識のエネルギーブロックの影響を多大に受けるので、とても生きづらい人生になっていきます。

手始めにすることは、ネガティブな感情に意識を向け、観察するという方法です。これは右脳を使った作業で「浄化（統合）ワーク」「クリアリング」と呼ばれています。

観察という言葉からも分かるように、これは否定も肯定もないそのままありのままを観ようとする意識です。研究者が顕微鏡を覗き込んでいる様子をイメージしてみてください。こうなってほしいという期待もなく、排除しようという否定もない、非常にニュートラルな観察目線（意識）だということが分かるでしょう。

実は、このニュートラルな意識は「宇宙の光」と同じです。

ずっと押し込められていたエネルギーブロックに宇宙の光が当たることになるので、それらは癒され浄化され本質に統合されていきます。

浄化（統合）ワークは何種類もありますが、ここでは基本的なやり方をご紹介します。

❋　❋　❋

【浄化統合ワーク】

① 眼を閉じて、反応した出来事や人、問題だと感じていることを思い浮かべます。

② ネガティブな感覚が湧き上がってきます。それは違和感として身体に感じる筈です。どこかが重たい、モヤっとする、ザワザワするなど、どこに違和感があるのかを感じてみましょう。

③ ①を思い浮かべるのをやめて、違和感のある場所に意識を集中します。身体に感じ

る違和感の色や形、材質などを感じてみます。分からなければ何となくイメージしてみます。怒りがあるように感じるなら、その怒りを物や感覚に変えてください。感情としてではなく、物（鉛など）や感覚（モヤモヤなど）に変えることが大切です。

（例）胸に黒っぽいゴツゴツした岩が乗っている

④ リラックスして、否定せずただ観察（見つめる or 感じる）しましょう。心の中で「これがあったんだ、これがあったんだ……」などの言葉を機械的に繰り返すことで雑念を防ぐことができます。

⑤ しばらく観察して形が変わったり色が薄くなったり軽くなったら、観察するのをやめて深呼吸します。

⑥ 最後に、天（宇宙）から美しい光が注がれてくるのをイメージし、全身が満たされていくのを感じ、終了します。

※ 軽くならなかったとしても構いません。長く滞留させていたものなので、まずは観察のエネルギーを注ぐことが大切です。日々続けていきましょう。

❋　❋　❋

エネルギーブロックが軽くなればなるほど、超意識（宇宙・本質・ハイヤーセルフ）と顕在意識（現実）が繋がり、宇宙からの叡智を現実に生かすことができるようになります。また潜在意識にある過去生で養った才能や能力、経験値などもポジティブなかたちで生かされるようになっていきます。

コラム⑦　教えて深緑さん！

地球は宇宙の中でもトップクラスにたくさん浄化できる星だから、アセンションまでにたくさん浄化しておこう！

何かに没頭しているときは宇宙と繋がりやすいよ。楽しいし、出来上がったときに達成感がある。それが自然と劣等感の浄化になるんだよ。

僕たち高次元存在が君たちを癒すときのやり方を教えるね。
まず、「ありがとう」「大好きだよ」などと愛を送ってあげるんだよ。癒してもらう人の多くは、愛を求めているんだ。
次に、肉体的な疲れを取り除くよ。肉体的な疲れを取らないと精神の癒しがやりにくいんだ。それから精神的なほうを癒していく。

心の癒し方は三つ。

1．その人に必要な叡智を無意識の部分に刷り込み、必要なときに叡智が出てくるようにする。
2．その人の心の中にいるネガティブな感情とお話をする。するとその感情は自然と外に出ていく。
3．ネガティブな感情にエネルギーを送り、それを浄化する。だよ！

エネルギーブロックは悪者ではない

エネルギーブロックは悪者扱いされることが多いですが、決してそうではありません。そもそも本源の光だったエネルギーが、あなたの曇ったフィルター（意識）によって変形変色し固まったものがエネルギーブロックです。

エネルギーブロックはあなたの霊性進化のために潜在意識下に長期間（幾転生も）留まり、ネガティブな現実を創りつづけました。なぜなら現象化することでしか、わたしたちは自分の不調和な思い込み、傷んだ記憶に気がつけないからです。

本来は光だったエネルギーが、あなたの成長のためにブロックのように固まり留まり、常に進化を促してくれていたのです。

あなたが気づきを得たとき、ブロックはようやくその役割を終え、光に戻り、あなたの本質に統合されていきます。痛みが光として統合されると、ネガティブに働いていたあなたの資質がより建設的で前向きなものへと変容していきます。

たとえば心配性という性質は、先を見据えて計画的に物事を進めていく力になったり、繊細で傷つきやすかった性質は、敏感にいろいろなものをキャッチして、自己表現や全体の調和に生かしていけるようになったりします。

浄化していくと感情がなくなって無感動な人生になっていくと思われる方もいますが、その反対なのです。

潜在意識のエネルギーブロックの浄化は、地道な作業ではありますが、このやり方を知っていれば、ネガティブな感情と同化しなくなるので次第に楽になっていきます。それを実感できてくると進んでやりたくなり、そのうち日課になっていきます。

セッションでは、日常の思い癖やパターンを浄化していくと、根本となった体験に紐付き、大きな解放に繋がっていくこともよくあります。

日常の思い癖から大きな解放へ

夏帆さんは、ちゃんと鍵をかけたのかを何度も何度も確認する癖がありました。鍵をかけて外出しても、数メートル歩くと確認のために家に戻ってしまうこともよくありました。

旅先のホテルの部屋をチェックアウトした後も、自分のせいで後々ホテルが火事になってしまったらどうしようと思ってしまうのです。火元などどこにもないのに。

大元には「自分のせいで大変なことになったらどうしよう」というのがありました。人のせいで大変なことになるのはまだ大丈夫だと言います。あくまで「自分のせいで」というところが強いとのことでした。

夏帆さんの浄化ワークの誘導を始めると、すぐにわたし（よっつ）の中に「浮浪者」という言葉が浮かびビジョンが出てきました。夏帆さんは過去生で男性の浮浪者として昭和の時代に存在していたようでした（転生は、過去未来関係なく、必要な学びができる最適な時代に生まれ変わります。違う世界線の昭和の可能性もあります）。

その浮浪者の顔は垢ですすけていて、悲しい目をしていました。通りを行き交う人を地べたに座って悲しみの表情でただ見ています。

『自分はどこで間違ってしまったのか……どうしようもなかった、為す術がなかった……』

心の中はそのように言っていました。

彼は自分のせいで火事になったとか、誰かが死んでしまったとか、そういう体験をしたようです。そして怖くなって取るものも取りあえず逃げ出したのです。だからその後どうなったのかも分からなかったし、でも怖くて確認しに行く勇気も持てず世捨て人になったのでした。

とても純粋な目をした人でした。真っ当に純朴に生きてきた人だったのでしょう。彼を癒し、光に還しました。

なぜ、元夫は消えてしまったの？

ワークの後、わたしが見たビジョンを夏帆さんにお話しすると、そういう過去生の人がいたのは感覚的に分かると涙ぐみました。

なんと夏帆さんの前のご主人は、突然何も持たずに家を出て消えたという過去がありました。夏帆さんは、夫が何か事件にでも巻き込まれたのかもしれないとほうぼうを探しました。そのときはやっと見つけたのですが、心身症のような感じで何もかもを投げ出して逃げたくなったとのことでした。

やり直すことをふたりで決めて頑張っていたのですが、十カ月後、彼は離婚届を書き置いて携帯電話も財布も持たずにまた消えました。

夏帆さんは今度は探さずに離婚届を出しました。

ずっと彼がどういう理由でいなくなったのか、なぜ自分に何も言わず消えることができたのかが分かりませんでした。

「でも今回のワークで何かが解けた気がしました。わたしの浄化をあの人はやってくれたのですね」とおっしゃいました。

自分のせいで大変なことが起こり、怖くて直視できずに逃げた過去生……。きっと当時の家族は心配して探したことでしょう。何カ月も何年も眠れない夜をすごしたかもしれません。

今回は逆にその残された家族の立場を体験することで、魂はカルマ解消を図ったのです。消えた旦那さんが、過去生のときの家族だったのかどうかは分かりませんが、彼には彼の魂の計画があって、それが夏帆さんの魂の計画とうまくリンクしたので今回夫婦になり、ふたりで共同創造を起こしたのです。

今回の浄化で、消えた元夫の気持ちを理解することができ、夏帆さんは真の受容を成し遂げたのでした。

「戸締り恐怖症がこんなところに繋がっていたなんて……」と夏帆さんは驚いていました。

このように一つの事象が、思いもよらない別のことに繋がっていることはよくあります。しかもそれがとても大きな気づきを与えてくれるのです。

夏帆さんは過去生から持ち越してきた魂の癖として、今回の人生でも「どうしようもない」と諦めるところがありました。

元々の痛みをインプットしたのが過去生だったとしても、必ず今世にその影響が垣間見えます。過去生が分からなくても今世の記憶だけで十分すべてを癒していくことはできるのです。

今後、この体験からの気づきを生かすためにも、「どうしようもない」「為す術もない」と感じても、その現実と向き合って「どうにかなる」「何かはできる」「なんとでもなる」に変換させていくことを日々続けていくことが、過去生の自分から受け取ったバトンを昇華させ、次の転生に繋いでいくことになるのだと思います。

それは、逃げたくなるようなこと、諦めたくなるようなことも、捉え方を変えながら向き合っていくことに他なりません。

夏帆さんは今は別の方と再婚され、とても幸せに暮らしています。霊性進化の作業をライフワークとしながら。

このように、わたしたちは常に周りの人たちと共同創造しながら互いにカルマ解消や学び合いをしている存在です。霊性が高まってくればいずれは、どちらか一方が悪いという見方はできなくなっていきます。

自分だけが悪かったわけでも間違っていたわけでもなく、相手だけが悪かったわけでも間違っていたわけでもありません。自分に対しても他者に対しても厳しいジャッジをすることはなくなっていきます。

浄化ワークの中にはインナーチャイルドを癒すワークもあります。

エネルギーブロックを擬人化して出したほうが良さそうな場合や、子ども時代の痛みの場合はインナーチャイルドワークがおすすめです。

インナーチャイルドの癒し

恵さんはとても品のある素敵な方です。保育士の資格や小中学校の教員免許も持っていますが、今は専業主婦です。しっかりとした雰囲気があるのですが、毎回セッションで質問が多く、もちろん必要な質問がほとんどなのですが、時に少し考えたら分かるようなこと、自分のやり方でやってみたらいいことなども質問していました。

自力で分かることを質問してしまうのは、内側に恐れや自信のなさがあるからです。またそうやって人にばかり聞いてそのとおりにやってしまうと、自力が失われて他力になり、自力でやっていきたいときにその力は出なくなります。

恵さんに「なぜそんなに質問をしたくなるの？」と質問しました。

自信がない、安心したい、失敗したくない、確認しておきたい、漏れなくきっちりしたい、責任逃れをしたい、などのたくさんの理由が出てきました。

驚くことに、恵さんのご主人も質問が多い人で、いつも質問されて恵さんは嫌だと思っていたそうです。実際ご主人に「自分で考えて！」と言ったことが何度もあるそうです。

今回の「質問が多い」というわたしの指摘に「自分では気づけませんでした。そうか、夫はわたしの鏡だったのですね」と感慨深げにおっしゃいました。

いろいろとお話ししていく中で、恵さんは「質問することが癖になっている」と言いました。そして、「いつから？」と考えたときに思い出したのです。

質問が多い本当の理由

恵さんのお母さんは、恵さんが小さい頃から働いていて、家では祖母が面倒を見てくれていました。祖母は古い考えの人で、将来家を継ぐ兄のことを大切にして、女の子である恵さんにはとても厳しかったそうです。兄と喧嘩をしても兄の味方ばかり。心がいつも淋しくて、『お母さん早く帰ってこないかな……』といつもお母さんの帰宅を心待ちにしていました。

でもお母さんも帰宅したらしたで忙しく、そこまでは構ってもらえない。でも何か質問したときは、お母さんはちゃんと時間を割いて答えてくれました。

いつの間にか、恵さんはお母さんにたくさん質問をするようになったそうです。

『質問している間は、お母さんはワタシのほうを向いてくれる！』

子ども心に無意識に編み出した手立てだったのです。

その頃の癖が大人になっても残っていたということが分かりました。

インナーチャイルドは泣いている

「質問すると愛をもらえる」「質問している間は安心」という記憶の摺り込みが潜在意識にインプットされていたのでしょう。

普段はそんな思いはまったくなく、幼いときにそういう思いを持っていたことすら忘れていたのですが、奥底にしっかりとフリーズされていたのです。

お母さんに構ってほしかった恵ちゃんをインナーチャイルドワークで癒しました。恵さんは涙を流していました。誘導しているわたし（よっつ）も、必死だった小さな恵ちゃんを感じて涙がにじみました。

恵さんはそのときのセッションの録音をその後何度も何度も聴き直し、わたしが誘導したインナーチャイルドワークを五、六回はやったそうです。その度に涙涙でどれだけやっても涙の量は減らなかったそうです。

そんな中、予定していたオランダ旅行に行き、帰国してから体調不良になり半月ほど寝込みました。

回復してから再度インナーチャイルドワークをしたとき、なんと幼い恵ちゃんが明るく元気いっぱいの姿になっていたそうで、今度は感激の涙を流されたそうです。

小さな恵ちゃんの、お母さんを求める悲しみや必死な思いはなくなっていたのです。

お母さんとは過去生のオランダでもいっしょだったようで、オランダに行ったこととその後の体調不良で浄化統合できたのです。体調不良や怪我などは、熱や痛みを出すことで何らかの浄化をしてくれているのですね。

悲しい思いをしていたインナーチャイルドが光に統合されたことで恵さんは、「質問に答えてもらうことと愛は紐付いていない」「たいていのことは誰かに聞かなくても自分で考えたらいい」「失敗したら失敗したでそこから学んだらいい」と思えるようになりました。

魂はオランダに行くことを計画させ、その前にセッションで質問が多いことをわたしに指摘させ、幼い頃に母を求めるためにやっていた痛みだったと気づかせました。

そしてインナーチャイルドワークを何回もやることで下地を作り、オランダへ向かわせたのです。そして現地オランダの波動に実際に触れ、過去生の痛みの癒しのプロセスに入りました。帰国後、半月体調不良で苦しんだのも、もちろん浄化統合を完了させるためです。

人知を超えた計らいに宇宙への信頼を深める

恵さんは後日このようなメールをくださいました。


この度のこの一連の流れは本当にすごかったです。

特に旅行直前のよっつさんのセッションでのインナーチャイルドの発見及び癒しは絶妙なタイミングでした。早すぎても遅すぎてもここまでにはならなかったので、本当に神業ですね。

そして、体調不良のときのぐるぐるさんのセッションでのヒーリングもとても効きました。ありがとうございました。

今まで以上に宇宙のすばらしさを感じることができました。

また行動する（オランダに行く）ことで、このような浄化が起こり、現地へ行ったからこその浄化があるのだなと感じました。これからも行きたいところにはどんどん行こうと思います（笑）。

もちろん日常にもこのような奇跡はたくさん起こっていると改めて思いましたので、日常も大切にしていきたいです。

また今回は、体調不良とは浄化なので、佳きことが起こっていると思うことができました。そして体調回復後に小さなわたしが一変していたのを感じたとき、この一連の流れに対し深い感謝の気持ちが湧き上がりました。それは宇宙への信頼へと繋がりました。

無抵抗の子ども時代には、たくさんの制限や我慢、甘えられなかった悲しみや怒りなどが蓄積されています。顕在意識では覚えていなくても、潜在意識にはちゃんと残っていて、それが人生のあらゆるシーンに影響を及ぼすのです。

またインナーチャイルドを癒すことで、ご本人が気づいていない無意識の癖のようなもの、たとえば小鼻がときどきピクピクと痙攣《けいれん》する、相槌《あいづち》の打ち方がなんだかおかしい、口元を手で隠して話されるなども改善されていきます。

これらは指摘したところで本人も直せないし、それどころか委縮してしまいかねない非常にデリケートな領域です。ですがそのことにまったく触れず、別のテーマでインナーチャイルドを癒していくと不思議なことにそういった癖もなくなっていくのです。

小さな自分をイメージしたとき、その子は幸せそうに笑っていますか？

もしも無表情だったり悲しそうな顔をしているのなら、インナーチャイルドワークをしてあげてください。日々小さな自分をイメージして抱きしめてあげるだけでも違ってきます。

このように、今わたしたちが3次元から5次元へ向かう途中にある4次元は、過去の未消化の感情や痛みの浄化、今まで良しとされていた価値観を改めて見直し、本質的なものに変換していくプロセスが必要になる領域です。

宇宙やハイヤーセルフは、常にわたしたちの偏った部分をニュートラルに戻そうとしてくれています。

左脳的掘り下げで痛みの根っこを抜く

エネルギーボディから分かる感情の大元

いわゆるスピ系の世界では見たくないものは見なくていい、思いが現実を創るので自分が見たいもの、心地よいものに意識を向けましょう、強く思い込みましょう、いい気分でいましょうという風潮がまだまだあります。

ですが、無意識層に溜まっているエネルギーブロックから多大な影響を受けるので、顕在意識で強く思い込んでも、いい気分でいてもなかなか難しいのです。

また、いい気分でいられないときに無理をしていい気分でいようとすることは、本当の自分の気持ちや感情を抑圧したり封印したりすることになるので、後で余計に大変なことになります。

「潜在意識の浄化やクリアリングなら実践しています」という方もいますが多くの場合、

それらを光に還すワークや一瞬で消すようなイメージワークを実践している方が多いです。右脳的なイメージワークはとても大切ですが、それだけではまだ片手落ちになります。

わたしたち人間が右脳と左脳どちらも使って生きているように、両脳を使って統合していきましょうというのがこの陰陽世界のやり方です。

感情の親は思考（観念や価値観）です。

右脳的ワークは感情浄化には最適ですが、その根本である観念や価値観まではいきません。観念や価値観はマイルールと言い換えることができ、あなたという王国の法律に当たるので、容易には解除できないのです。

わたしたちの身体は、物質化している肉体の外にたくさんのエネルギーボディがあります。

コーザルボディ　…　スピリチュアルな高次の身体
メンタルボディ　…　思考、観念の身体
アストラルボディ　…　感情の身体

エーテルボディ　…　氣やチャクラなどのエネルギーの流れの身体

これらの身体は外側から内側に向かって影響を与えています。

メンタルボディの思考や観念の歪みは、アストラルボディに影響を及ぼしネガティブな感情を湧き上がらせます。さらにアストラルボディの歪みがエーテルボディに影響を及ぼし、氣や経絡を乱し、さらに肉体に影響を及ぼし症状や大病、ケガとして顕れます。

そうやって内在していたエネルギーが現象化することで浄化に導くのです。

つまり根本にある観念（メンタルボディ）を

浄化統合しなければ、感情（アストラルボディ）を何度浄化しても、また同じようなことで反応し最終的には肉体に影響を及ぼします。

観念の浄化は、浄化ワークだけではなかなかなくなりません。観念は痛みの記憶が凝り固まって長い時間をかけてでき上がるものなので、瞬間的なものでは解放できないのです。

何が痛みの元なのか、どういう観念や思い込みがあったのかなどを明確にした上で、じっくりと左脳的に捉え直ししながら解放するプロセスが必要です。

これを「掘り下げ」と呼んでいます。

わたしたちふたりも最初は浄化ワークやヒーリングだけのセッションをしていましたが、一時的には楽になっても、結局根本原因が解消されていないので再びセッションに訪れるクライアントさんが続出しました。それで右脳的なワークだけでは片手落ちなのだと気づき、左脳的な掘り下げを取り入れるようになりました。

また掘り下げは、左脳だけではなく前頭前野も活性化するので、幼い頃から繰り返しインプットされることで自己イメージとなった「わたしは愛されない」や「認められない」「できない」「価値がない」なども修正されていきます。

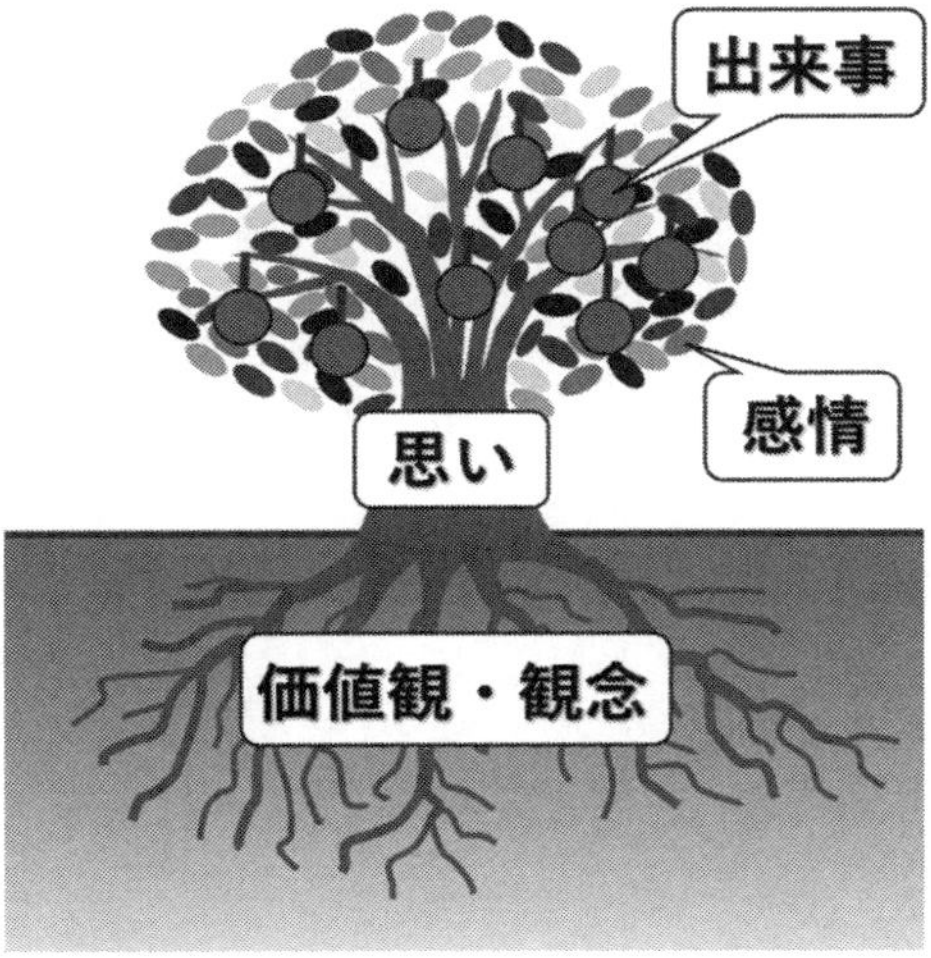

植物にたとえると、土中にある根っこが価値観・観念、地面から上の茎（幹）が思い、葉が感情、花や実が出来事に当たります。雑草も根っこから抜かないとまた生えてくるように、ネガティブな出来事（花や実）として現象化したものは、その大元にある価値観や観念（根）を掘り下げによって解放していくことで、根っこからきれいに抜けていき、同じような現象で葛藤することはなくなっていくのです。

掘り下げは、最初のうちは次の手順でノートに書き出します。

【掘り下げメソッド】Soul Message Reading Process（通称SMRP《スマープ》）

①【出来事】

「○○が△△して、□□だった」など、できるだけシンプルに書きます。

②【一番大きな反応の絞り込み】

①の出来事の何に（どこに）反応しましたか？

一番大きなもの（感情）を書き出します。

③【価値観・観念の絞り込み】

その反応の元となる価値観、観念で一番大きなものは何でしょう。

「○○すべき」「○○してはいけない」「○○するためには△△にならなければいけない」などの言葉に書き換えてみます。

④【原初体験を見つける】

③の価値観を持つようになったきっかけとなる体験はありますか？（なくても可）

あれば、浄化ワークしてみましょう。

⑤【過去の体験の振り返り】

④の体験は、今思い返してみてどう感じますか？

本当にその価値観を握る必要がありましたか？

今振り返ってみて、より大きな違う視点（肯定的な視点）で捉えることはできないでしょうか？

⑥①の出来事に戻り、浄化ワークをしてみましょう。

⑦【オーダー・ネガティブメリット・セルフイメージなどを探る】

仮に①の出来事や状況が、自分が感じたとおりの出来事だったとしても、それを体験したのはなぜでしょうか？

どこかでそれを望んでいたり、それを受け取っても仕方がないと思ってはいなかったでしょうか？

またそれが起きたほうが都合が良い理由があったとすればそれは何でしょうか？

⑧【鏡・投影の視点】

①の体験を受け取ったということは、自分もどこかで同じような態度をしたり、思いを放っていなかったでしょうか？

⑨【価値観・観念の取り崩し】

③の価値観や捉え方を改めて感じてみて、それは本当でしょうか？

100％真実なのでしょうか？

違う捉え方はできないでしょうか？

⑩【魂の学び、気づき、恩恵を受け取る】

①の出来事の学び、気づき、恩恵は何でしょうか？

父のお葬式で言われた友人からの心無い一言

この手順に沿ったクライアントさんのお話です。（本来は番号順に書き出していきます）

沙織さんは、お父さんのお葬式のとき友人に「お父さん、さぞかし孫の顔が見たかっただろうに」と言われ、独身で子どももいない自分を否定されたように感じ、怒り心頭に発しました。

沙織さんは「相手の立場を思いやらない友人の心無い言葉」に一番腹が立ったということでした。

まずは、その反応の元となる価値観、観念で一番大きなものは何なのかを選定していくのですが、いくつも価値観がある場合は、一番反応が大きなものを一つ選びます。

沙織さんの一番大きな価値観は、「思いやりのない言葉を言うべきではない」でした。

価値観は過去の体験によって作られます。その価値観を持つきっかけとなった今回の人生で初めての体験、これを原初《げんしょ》体験と呼んでいますが、それが思い出される場合はまずはそれを浄化統合し、より大きな視点、肯定的な視点で捉え直すことが必須です。

沙織さんは小学生のとき、ものもらいにかかり登校すると、クラスメートたちに「伝染《うつ》りそう……」と顔をしかめられたことを思い出しました。

「思いやりのない言葉を言うべきではない」と初めて感じた瞬間でした。

この出来事を浄化ワークしてニュートラルな感覚で振り返ってみました。

クラスメートたちは本当にそう思ったからそう言ってしまっただけなのだと思いました。嫌そうな顔をされたとばかり思っていたけど、「痛そう」という同情の表情だったのかもしれません。そうでなかったとしても、どちらにせよこの体験で、病気の人に「うつさないで」などの言葉は相手を傷つけると知り、言わないようになりましたし、本当にそんなことは思わなくなりました。傷ついたことで、逆に思いやりを養うことができたと思います。

このように沙織さんは、その価値観の元となる体験の観方を変容させることができました。

お父さんのお葬式の件に戻り、まずは浄化ワークをしてから掘り下げてみました。

友人にその言葉を言わせたのは創造主である自分なので、だとしたらどうしてなのだろう？　と考えていきます。

宇宙に対して「父に孫を見せてあげられなかったことを指摘してください」というオーダーが自分から出ていたと考えると分かりやすいです。

そんな変なオーダーをする訳ないのですが、現実にそうなったということは、かならず無意識のオーダーが出ていて、その理由があります。

つまり内奥に「なぜならわたしは〇〇だから」というそれを受け取るに値するネガティブな思い込みや主張があるのです。

すると、「この年でまだ結婚できていない自分はダメだから（指摘してください）」という思いがあり、さらにその奥には「女性はちゃんと子どもを産み育てるべきだ」という観念がありました。その観念で自分を責め続けていたのです。それをそのまま友人が指摘してくれたということに沙織さんは気がつきました。

内に潜んだ痛みは、かならず周りの人がそれを表現してくれます。まさに宇宙からの『その思い込みを手放しなさい』という促しです。

「女性はちゃんと子どもを産み育てるべきだ」という観念は本当なのでしょうか？

女性にも多種多様な生き方や選択があって、必ずしも子どもを産み育てることだけが女性の価値でも幸せでもありません。過去生が子沢山で疲れた人は、今回の人生は自分自身に集中したいと思うでしょうし、当たり前のレールから逸れることでたくさんの葛藤が湧き、それによってさまざまなものを手放し、本質に立ち戻り、霊性が進化（深化）していくことを狙っている魂も多いのです。

高次元によると、その土地でできる作物の分だけの人口がその土地の適正で、それ以上は淘汰されていくといいます。人口のことは常に宇宙が調整してくれているので、「女性は子どもを産むべき」という観念や「少子化問題」などは本質とズレているので採用する必要はありません。

男性も女性も生まれてきた一番大きな目的は、積もり積もった痛みを浄化統合し霊性進化していくこと、つまり愛を深めていくことであり、遺伝子を残していくことではないのです。

鏡・投影の視点でも観ていきました。

その体験を受け取ったということは、自分もどこかでやっている態度（放っている思い）ということです。

沙織さんの場合は、思いやりのない体験を受け取ったということなので、自分もそのようなエネルギーをどこかで出していないか？　ということを振り返ってもらいました。

すると、仕事ができない同僚や上司に対して、どこかで馬鹿にしていたということに気がつきました。価値がほとんどない、何のために会社にいるの？　とすら思っていたそうです。

表面的な部分だけでその人を判断する癖があり、その人の価値を仕事ができるかできないかだけで決めつけていたということです。

このようなジャッジ癖にも気づいてください、という宇宙からのメッセージも含まれていました。

最後に、それは本当に自分が感じたとおりの出来事だったのか？　もっと広い意味や違う解釈はないか？　などの観点も踏まえて、この出来事からの魂の学び、気づき、恩恵を受け取っていきます。

沙織さんの気づきの記述です。

「そもそも、本当に友人は思いやりがなかったのか？」を改めて考えると、わたしにとっては思いやりがないように感じたのですが、「孫の顔を見たかっただろうに」という言葉は、父に対して「もっと長生きして、いずれ孫を抱きたかっただろうに」という父の早い死を悼む、思いやりのある言葉だったのではないだろうかと思いました。

友人はわたしの立場に立って考えてくれていないと憤慨していましたが、彼女は父の立場に立って「さぞ、あなたの子どもを見たかったことでしょうに」と言ってくれたともいえるのではないかと感じました。

父が本当に孫を抱きたかったのかどうかは分かりませんが、わたし自身がそういう観念を持っていたので、友人はその思いを映し出してくれた鏡だったと今では分かります。

友人の一言で、結婚していない自分を必要以上に否定していたことがわかりました。世の中の常識だからと疑ったこともありませんでした。

今回の件で、女性の価値とは？　人の価値とは？　ということを深く考えさせられました。同様に男性は仕事ができてこそ一人前だとも思っていました。

宇宙から自分にも他人にも表面的なジャッジではなく、本来の良さを認めていくことを促されているように思えました。

今までいかに表面的なものにだけ目を奪われていたのかが分かった気がします。生きる方向性が明確になりました。

沙織さんは、一つの出来事を深く掘り下げることによって、大きな気づきと意識変容を体験しました。

自我の抵抗感を乗り越え、ライトボディ化へ

このように『掘り下げ』という作業、つまり対象をどれだけ深く捉えることができるのかという探究は、自ら意識の根幹部分へたどり着き、深い気づきと解放を体感できるすばらしいプロセスです。

この探究には自分の思い込みを超えた大きな視点が必要なので、最初は『深い気づき』になかなか到達しないかもしれません。なので最初は一人でやるよりも、的確なアドバイスをくれるコーチのサポートを受けながら習得していくことをおすすめします。

根気よく続けていくと、必ず「そうか、これに気づくためにこの体験があったんだ」と魂レベルで分かる一種の覚醒体験のようなものが起きてきます。

実践するほど魂との繋がりも強化されて、宇宙のサポートも実感できるようになっていきます。わたしたちが行っているセッションの継続コースでも『掘り下げ』を実践してもらっていますが、続けるほどにみなさんそのすばらしさを体感していかれます。

ただ、観念や価値観は長年わたしたちに染みついたものですので、それを手放そうとすると抵抗感が湧きあがることがあります。

自己否定や無価値観など、自分に関する観念は比較的手放す方向で考えやすいのですが、常識的な観念、たとえば「迷惑をかけてはいけない」などを掘り下げようとすると「でも迷惑はいけないでしょ」と結論付けて、それ以上先へ進めなくなることがあります。

『掘り下げ』というプロセスは自分の観念や正しさを強化するためではなく、あくまでそれを緩めてより大きな現実に目覚めていくためのものです。ですから、今までの自分の考えをどういう観方をすれば緩められるかを念頭において前向きに進めていってください。

だからといって「迷惑をかけてもいい」という真逆の観念を取り入れましょうということを推奨しているわけではありません。

この場合で言えば、迷惑をかけられたように見えたけれども、本当にそうだったのか？　相手の立場から観たらどうだったのか？　仮に明らかな迷惑行為だったとしても、どう考えれば受容できるか？　などの観点から深めていくことで、捉え方が変わり今まで気づけなかったことに気づけたり、こだわりや痛みの解放が起きたりして、自分の愛や意識がより一層広がる体験をしていくことができるのです。

『掘り下げ』は3次元という固定化された世界で、今までの枠組みを外して5次元という大きな愛の視点へ変換する取り組みともいえます。

これによってメンタルボディにあった観念や価値観は浄化され、さらにその外側にあるコーザル体からの高次のエネルギーをまっすぐに取り込めるようになっていきます。

その高次の光は、メンタルボディ、アストラルボディ、エーテルボディを通って、わたしたちの肉体へと送り込まれ、不調和のない、健康でバイタリティに溢れた身体を育んでいきます。

『掘り下げ』を実践するほどに、エネルギーはクリアになり、わたしたちの身体も光を多く保持できる状態になり、まさに高次元ライトボディ化していくことにもなるのです。

ライトボディ化していくと、生命エネルギーであるプラーナをより多く取り込めるようになり、徐々に食べ物でエネルギー補充する必要がなくなって、最終的に不食でも生きていけるようになります。

また『掘り下げ』によって新しい考え方や捉え方を身に付けるほど、脳内のシナプスが枝分かれし、新たな神経回路を構築していきます。それによって仮に何か問題が起きたとしても、短絡的な思考で諦めるのではなく、さまざまな角度から新たな可能性を見出していけるようにもなります。

それはまさに多くのパラレルの可能性を自ら生み出していくことにもなるのです。

「現実」とは書いて字のごとく、あなたのすべてが「実って現れたもの」です。

その現実を見ているのは何故なのか？　ということを紐解き、根本にあった痛みや偏った観念を浄化し、必要な気づきと学びを得ることができれば、あなたは最善のパラレルへと移行していくことになるでしょう。

コラム⑧　教えて深緑さん！

観念の解放（掘り下げ）はとても大事だからやったほうがいいよ。観念の解放によって得られる気持ちや学びは、３次元世界じゃないと（３次元世界の中でも）なかなか体験できないものだし、魂としての成長もすごーく大きいからとても価値あるものなんだよ。

5次元に行ってしまうと3次元とは比べものにならないくらいレベルが高いから、観念の解放やそれに伴う気持ちや学びは体験できなくなってしまう。だから今のうちにその体験を重ねることで今回のアセンションだけでなく、その次やそのまた次のアセンションも移行がしやすくなるんだよ。そして今回のアセンションでも上位5次元に行けるようになるんだよ。

Q　「ただ手放しましょう」という教えが多いですが？

A　嫌な感情とまずはしっかりと向き合うことが大切で、そうやって色んなものを手放していった先に、もう向き合うこともなしにスッと手放せるようになる状態が待っている。

3次元においてはまずはしっかりと向き合って、ひとつひとつ解決していくことが大切だよ。

Q よく宇宙はシンプルで軽い、複雑にするほど波動は重くなるといわれています。掘り下げは複雑だから波動が重いのでは？

A 宇宙は軽さやシンプルさと同時に複雑さや重さも持っているから、どっちということはない。ただ高次元にいけばいくほど軽いほうにいくのは事実なのだけど、だからといってスピリチュアルを軽くシンプルに考えたほうが良いかという話でもない。3次元の人はシンプルにやって浸透するほど波動が進歩していないから、だったらしっかり掘り下げとかをして複雑にちゃんとやっていったほうがいい。

掘り下げは宇宙の深さともリンクしているんだよ。

Q ネガティブと向き合っても終わりがないし「今が完璧」なのでは？

A　その考え方は違うよ。確かに「今が完璧」という考え方もあるけど、同時にそれはずっと不完全でもあるから。その不完全さも含めて言えばもちろん完璧ではあるんだけど、魂はさらなる成長を望んでいる。だから自分の中のネガティブと向き合っていったほうが良い。

終わりがないという考え方は、もし浄化をしなければそれらはすべて出来事を通して学ばなければいけなくなるから、そっちのほうがずっと終わりがないともいえる。

第5章

3次元マトリックスを抜ける

アセンションとパラレルの関係

地球が次元を上昇させてアセンションしていくこととパラレル移行には大きな関係があります。同じ3次元から5次元への移行であっても、とても大きな混乱や災害などを経験していくようなパラレルもあれば、必要最小限の浄化で比較的スムーズにアセンションが進んでいくパラレルもあります。

これは潜在意識の領域をどれだけクリアにして、3次元レベルの分離感や固定観念から脱しているかにもよります。ただ、どのパラレルが良くて、どれが悪いというものではありません。

どのパラレルのどんな経験であれ、魂にとっては大きな気づきと学びの体験であって、ジェットコースターのような激しいプロセスを楽しみたい魂もいれば、できるだけ静かに穏やかにこのプロセスを味わっていきたい魂もいます。

現時点のわたしたちのパラレルでは、国内外にそれなりの混乱は起きていますが、比較的順調に移行が進んでいるように見えます。もうすでに大混乱に巻き込まれている日本のパラレルも存在しています。

数年前、突然自宅近所の駅前を大勢の人が避難するために血相を変えて走っていくビジョンが見えたことがありました。直観的に「これは別のパラレルで起きていることだ」と感じました。

無数にあるパラレルは常に今ここに重なり合い、少なからず影響し合っているのではないでしょうか。

かつて世紀末に多くの大陸が沈むという予言がありましたが、あれはまったくの嘘ということではなく、人類のカルマや浄化のプロセスとしてそのパラレルを選ぶ可能性も十分にあったのですが、それを回避できたことで予言が当たらなかったともいえます。

今もさまざまな未来の予言を伝える人がいますが、それは一つのパラレルの可能性であり、絶対ではありません。

今までは人類全体の意識段階やレベルが大きくパラレルに影響していましたが、今後、更なる地球の波動上昇と共に世界は多極化していくことになり、個々の意識と在り様によってさまざまなパラレルへと分化していきます。

今まではそんなに大きな混乱はなかったとしても、これから大きな変化が起きてくる可能性は大いにあります。特にお金という制度に関して言えば、上位1％の富裕層が残り99％の人々が持つ富以上の資産を保有しており、明らかな不均衡が生じています。

さらにその上位1％の人々がこの世界のシステムや制度をコントロールする力を持っており、自然とほとんどの人が搾取されていく構図が作られています。

もちろんこのような支配とコントロールの構図も創造主的な視点から観れば、わたしたち自身が望み、オーダーしたものだといえます。

それはわたしたちの根底にある全体と切り離された分離感や無価値観が、自分より大きな力を持った支配する存在を創造しているともいえますが、さらに大きな視点で観るならば、大いなる意識（愛）から離れ、深い闇を経験し、また大いなる愛へと戻っていくわたしたちの目覚めのシナリオの中で、彼らはある意味とても有難い悪役を演じてくれているのです。

制限と不自由さの深い闇の中でこそ、わたしたちは自らの光を見出すことができます。そうやってわたしたちは自ら設定してきたこのコントロールのトラップに嵌らずに、いかに目覚めていけるかを自分に試しているのです。

今後更なる管理社会への移行も計画されており、現在「グレート・リセット」という名目で、一旦現状の制度やシステムを破壊し、世界全体を一元管理できる仕組みも作られようとしています。

仮に今までのように集合意識と同調するような生き方をしていったとしたら、その流れに飲み込まれていくパラレルを体験する可能性が高まります。超管理社会の地球ではアセンションはなく、感情や意識さえも管理され、多くの人が主体性を失くした超監視社会の世界が広がっていきます。

各自が進むパラレルによっていくつものバージョンの地球が存在しています。

先ほどのような非常に制限がきつい超管理世界が広がっている地球もあれば、自然と科学がうまく調和して、各々が自分の才能を思いきり発揮して創造的な活動をしながら、お互い与え合っている地球や、自然豊かで牧歌的な生活を営む農耕を中心とした縄文時代（本当の縄文は高度霊性文明）のような地球、科学技術がかなり発達し、ＡＩをより良いかたちで活用しているハイテクノロジーな地球、非常に高次元で人々が半霊半物質のような状態で、地球外のさまざまな星とも交流し合っている地球なども存在しています。

よくハリウッド映画の中の未来の世界が、路地裏のようなごちゃごちゃした薄暗いネオン街で、道はなぜか濡れていて、とても治安が悪い世界観で描かれたりしていますが、わたしたちふたりはよくそれを「アカンほうの地球」と呼んでいます（笑）。

映画はわたしたちの潜在意識にイメージを強くインプットできますので、多くの人の潜在意識にそのイメージが入ると、当然その世界は顕われやすくなります。映画やテレビを見る際は、無意識に「アカンほうの地球」を採用しないようにしましょう。

コラム⑨　教えて深緑さん！

Q 「日月神示」に書いてあるような大峠（大浄化：大地震や噴火など）は来るのでしょうか？

A その本に書いてあることは、大体どのパラレル（世界線）で見ても実際に起こることと起こらないことの割合は五分五分くらいだよ。

たくさんあるパラレルを総合的に見てみたら、その本に書いてあることはほとんどすべて起こる。だから書いてあることが間違っているわけではない。

でも実際にひとつのパラレル（世界線）をとってみたら、そのうちの半分くらいのことしか起こらない。

強く書きすぎているところもあるけれど、それはそのくらい強く書いたほうが多くの人の心に響くから、だから敢えて少し厳しめに書いているんだよ。

噴火とか地震が起こるパラレルもあるけど、君たちがいるパラレルでは起こらないと思う。でもどのパラレルにいてもそれなりの波は来る。君たちはとてもマシなパラレルを選べていると思うよ。

自動操縦・自動反応を抜けていく

人類の集合意識はまだ古い固定観念や今までの常識というものに縛られていて、ある意味「眠った状態」です。そこに同調するほどにわたしたちの意識も明晰さを失い、「無意識的な生き方」へ陥ってしまいます。無意識から脱するほど、わたしたちはより自由で創造性に満ちた人生を意識的に選択していくことができるようになります。

パブロフの犬は「ベルが鳴るとエサをもらえる」と記憶しました。するとベルが鳴るだけで唾液が出るようになりました。まるで「スイッチを押したら電気が点いた」というのと同じ機械的な反応です。

わたしたち人間も、無意識の思考や観念によって現実が自動操縦されています。そこには本来の生き生きとした自身の感性や本質の輝きはありません。

たとえば「バカにされたくない」という無意識的観念があるとすると、バカにされたと感じた途端傷つきますが、その痛みやみじめさを感じたくないために、瞬時にその痛みは傷つけた相手への怒りへと転換されて、その怒りと一体化します。これを「同化」といいます。

本来であれば、傷ついた感覚やみじめさと向き合って浄化し、「なぜバカにされたと感じたのか？」を掘り下げていくことで解決していけるのですが、痛みを避けたい自我は、「バカにされると腹が立つ」という反応を無意識に繰り返していくようになります。

つまり、バカにされたと判断した瞬間、腹を立てるという反応は、一見自分で感じて考えて表現しているように見えますが、これは「スイッチを押したら電気が点いた」というのと同じ、自動的機械的な反応になります。

そしてそのシステムはことあるごとに作動し、「わたしは人からバカにされる存在だ」という思いをさらに強固なものにしていきます。

ほとんどの人の人生が、無意識の自動操縦、自動反応の繰り返しで、そこに自分の意志や意図はほとんど入っていません。わたしたちは日々ただ反応しているだけともいえるのです。

だからわたしたちは、宇宙から見ると「眠っている」と表現されるのです。眠りながら夢遊病者のように訳も分からずフラフラしているような状態で、自分が何をしているのかが分かっていないということです。

かつてイエス・キリストは言いました。

「父よ、彼らをお赦しください。彼らは、何をしているのか自分で分からないのです」と。

スピリチュアル用語である「目覚め」（Awakening）とは、自動操縦・自動反応を抜けることを意味します。

同化に気づき観察意識で生きる

まずは日常で自分が今何を感じているか、何を考えているかを客観的に捉えてみましょう。自分の心の中を実況中継してみるというのも一つの手です。すると常に何らかの思考や感情と同化し、それに翻弄されていることが分かってきます。

「急いで○○しないと」や「○○が面倒臭いなぁ……」など、四六時中わたしたちは湧き

上がってくる思いや感情と同化しています。そしてそれに気づくこともなく無意識にその思いに沿った（自動操縦された）行動をとってしまうのです。

そこに気がつけると、その思いと自分とを切り離して、俯瞰できるようになっていきます。

その離れて眺めている視点こそが本当のあなたです。

本当のあなたは常に一歩引いた視点で自分の人生、思いを眺めている観察意識、つまりハイヤーセルフ意識なのです。

「急いで○○しないと」と必死になっているときは、その思いと同化していて、視点は「目覚めていない自我」の一点です。

ですが、「あ、今『急いで○○しないと』という思いが上がってきているな」と俯瞰できれば、そこには二者

の視点が在ることが分かります。思いが上がってきたことを観察している我（目覚めているハイヤーセルフ）と、「急がないと！」と思っている我（目覚めていない自我）です。

すると、観察者とエゴの間にスペースが生まれ、その思いに翻弄されることなくゆっくりと自分のペースで行動できる可能性が生まれます。そのほうが実はずっとスムーズにいくのです。

日常的にいつも湧き上がってくる思いならば、それを浄化したり、掘り下げたりすることで根本解決を図っていくこともできます。

無意識の同化に気づいて観察意識で生きるほど、わたしたちの目覚めは加速し、自分の人生を主体的に生きる力、つまり自分軸を取り戻していけるようになります。

わたしたちは今回の人生で「無意識的な生き方から意識的な生き方へ」「眠りから目覚めへ」をテーマとして掲げて生まれてきたのです。

洗脳を抜ける

アセンションにおいても自分軸はとても大切です。軸がなく集合意識やその他大勢の意見に翻弄されるとコントロールの波に呑まれていってしまいます。

パラレルシフトが容易になってきた背景には、今までの3次元的な制限と搾取のコントロールの枠から出て、それぞれの魂の可能性を広げ、より自由に現実を創造していってくださいという宇宙からの促しもあるのです。

今後はさらに「みんながそうだから自分もそうしよう」「メディアやSNSでそう言われているからきっとそうなんだろう」という周囲に合わせた考え方はどんどんあなたを深く眠らせていくと共に、思考停止状態へと陥らせていきます。

メディアではそれとなく大衆をコントロールしたい方向へ誘導するような情報や表現がよくされています。あからさまに「これはおかしい」とか「こうすべき」という表現というよりも、「あ、これが今は普通なんだ」と感じさせるものや「こうならないためにこうしておかなければいけないな」と感じさせるような演出がなされています。自らそう考えているようで、実はそう仕向けられているということに気づかなければなりません。

たとえば医療系ドラマで多くの病気がストーリーに組み込まれていたり、有名人の闘病が報道されたりすれば、知らず知らずのうちにそういうことが人生に起きる可能性があることをインプットしてしまい、そこに恐れを持ち、備える生き方を選択してしまいます。

また情報番組でたとえば「不況の中での節約術」という特集がされたとしたら、無意識に「今は不況なんだ」「じゃあ給与が上がらなくても仕方ないな」などと納得して現状を疑うことなく受け入れてしまうかもしれません。

特にメディアに関しては常に「これはどういう方向へ導きたいのかな？」という視点で観ていく必要があります。

また実際には真実であっても、「こんなデマを信じてる人がいるんですよ」と揶揄するような表現もよくありますし、突然出てくるオピニオンリーダーや急にフィーチャーされるものにも何らかの意図が含まれている場合が多いので注意が必要です。物事には必ず多面的な側面があり、これだけが正しいというものはありません。メディアは大抵一方的な側面だけを強調して伝え、一つの方向へ導こうとします。

普段から観察意識で自分の反応に気づき、浄化統合をして自分軸を立てていれば、魂の方向にそぐわない不調和なものには必ず気づけるようになってきます。わたしたちには元々、そういう感性や識別心が備わっているのです。

あなたが満たされるパラレルは、無意識的な自動操縦から脱し、自分自身で考え、ハートで感じながら選択していくことで顕われてきます。

それによってあなたは集合意識的な流れから脱していくことができます。

その過程で、特に人間関係では大きな変化が起きてくるかもしれません。

今までは普通に話が合っていたのに急に合わなくなったり、自分の本心をごまかして人に合わせるということができなくなっていったりします。その結果、ご縁がなくなっていく人もたくさんいるでしょう。

これは目覚めのプロセスではよく起きてくることですので、悲しむべきことではありません。

一方で本当に分かり合える人との出会いや、魂の方向性が同じ人たちとのご縁は深まっていきます。これからは魂レベルで共振共鳴し合える人と共に協力協調しながら、わたしたちは3次元マトリックスを抜けて5次元へ向かっていくのです。

トライ&エラーを繰り返しながら、内なる感覚、センサーを磨いていってください。それによってあなたは、自分が一番しっくりとくるパラレルへと移行していくことになります。

コラム⑩ 教えて深緑さん！

Q ある外国人チャネラーが「闇の勢力が介入しすぎたので、宇宙が乗り出し、コロナワクチンを無害化することにした」というチャネリング情報を書いていました。

A **そのチャネリングは間違いだね。闇系宇宙人の上にはすごく愛の深い高次元存在がいるから、放っておいても介入が一線を超えることはまずないし（超えな**

いようにできているから)、ワクチンが無害化されたらワクチンを打った魂のプロセスがまったく無駄になるからそういうことを宇宙はしないよ。「闇」というのは常に「光」に包まれているというのを忘れてはいけないよ。「闇」は「闇」だけでは存在できないんだよ。

Q どうしてこんなに間違ったチャネリングになるの?

A それはチャネラーの多くが持っている「周りの人の共感を得られるような答えを聴きたい」というエゴがあるからだよ。そのエゴがあるから無意識のうちに周りの人が喜びそうなものを拾ってきてしまうんだ。だからチャネラーはエゴを取り除いてチャネリングするように努めなくてはならないよ。

✳ チャネリングではスピリチュアルに関わることはとても聴き取りやすく、逆に未来予測や世界情勢などは聴き取りにくくなっているよ。

これは誰のチャネリングにおいても言えることだよ。チャネリングの目的は皆の霊性を上げることだから、未来予測などの学びの妨げになるものは我々もとても言いづらいんだ。つまり聴き取りづらいものというのは、答えを聴かないほうがその人の学びに繋がるものということなんだよ。

有名無名問わず完璧なチャネリングができる人はいないよ。チャネリングが完璧になってしまったら、すべてチャネリングに頼るようになってしまうから、そこには何の進化も生まれないからね。

人類は沈黙を奪われた

3次元地球は、政治、経済、マスメディア、教育、医療、食などあらゆる分野にさまざまな決定権を持ついわゆる支配者層にとって有利な扇動、コントロールが施されています。そんな彼らの最大の功績は、「人類から沈黙を奪ったこと」だといわれています。

多くの人が、特に見たい番組がなくてもテレビを点けっぱなしにし、ＳＮＳに一日何時間も費やし、移動中も常に音楽を聴いたり、動画を見たりゲームをしたり、寝るときも寝落ち寸前までスマホと共にいます。

「歩きスマホ」という言葉は２０１４年頃から出てきましたが、英語圏では「スマートフォンゾンビ」と呼ばれています。下を向いてフラフラ歩く様がゾンビのようだと揶揄《やゆ》されているのです。

現代人には一瞬たりとも静けさ、沈黙、無、空白の時間はありません。十五年くらい前までは、四六時中ゲームをしたり音楽を聴いたりする大人はあまりいませんでした。それは思春期くらいの子ども特有の嗜好で、成長とともに静けさを人生に取り入れていく人がほとんどだったのです。

でも現代はどうでしょうか。大人であれ子どもであれ、ヒマになりそうになると動画を見続けたり、ゲームをし続けたりする人が確実に増えています。動画やＳＮＳ、ゲームでなかったとしても、あれこれと忙しく動き回り一時の静寂も持つことはないのです。

部屋に物が溢れていたら息が詰まるし、居場所もなくなるように、わたしたちの心にも空間や静けさ、空白時間が必要です。

人は何もしない時間を恐れています。

なぜならヒマ、静けさ、無の中に身を置くと、心の奥底に押しこめてきた闇、つまり見ないようにしてきた感情（恐れ、不安、虚しさ、悲しみ、孤独感、虚無感など）が浮上してくるからです。そのことを無意識的に知っているので、決して無の時間を持とうとしないのです。

でもその闇と静かに共に居続けると、それらは浄化され、やがてその奥にあったあなた本来の源泉の輝きが溢れ始めます。本当の自己と繋がっていくのです。

その結果、本当に必要な直観やインスピレーションが湧き上がり、何が自分にとって大切なことなのか、そうではないのかの識別心も磨かれるようになっていきます。

宇宙の本質は空《くう》です。それは無でありながらすべてを有するということです。つまり静寂や無には、実はあなたのすべてが在り、「今ここ」と無限が存在しています。

何もしない、何もない時間、心の中であれやこれや考えず、静寂とともに在る時間がわたしたちを目覚めさせていきます。

ところでスマホが普及する前は、電車の中では本を読んでいる人がたくさんいました。

ただ受動的に見る動画などと違って、本を読むという行為は意識的でなければできません。読みながら本の内容を理解しようと努める必要がありますし、小説であれば情景をイメージしたり、主人公の心情を感じたり、時には自分の過去の体験と照らし合わせたりしながら読んでいます。

つまり読むという行為には、イメージや感覚を司る右脳と、論理性や理解を司る左脳とを繋げて意識を活性化させていく効果があり、「本は人類が発明した、唯一目覚めに向かわせる道具だ」ともいわれています。

テレビでも動画でもそうですが、無意識に見ているとコントロール波に飲み込まれますが、意識的に本当に観たいと思って観る、勉強したいと思って観るというのは大丈夫です。程よく楽しみ、時には本を読んだり静寂を作って本当の自分と繋がる時間を持ちましょう。

感情と自己価値

ほとんどの感情は、自己価値と紐付いています。

たとえば会議で自分が懸命に練り上げた企画が通らなかったとします。上司や同僚たちからも「あの企画はダメだよ」と言われました。すると、こんなに一生懸命がんばったのにやっぱり自分はダメだ、恥ずかしい、などの思いが出て、自分の価値が下がったような気持ちになります。

逆パターンならこうです。

会議で自分が練り上げた企画が採用されました。上司や同僚たちにも「あの企画いいね！　すごいね！」と言われました。すると、純粋な喜びだけでなく、自分の価値が上がったかのような感覚が生まれます。

企画が通った喜び、通らなかった残念な気持ちは純粋なものなので、どちらもすぐに光に還っていきます。ですが、そこに自己価値がくっついてくるとまた別の話になってしまうのです。

自己価値が肥大したり萎《しぼ》んだりというのは幻想です。その幻想に踊らされることで葛藤が生じ、その葛藤によって霊性進化していくのでそれも大切なプロセスですが、いつかはその幻想を抜けるときがやってきます。

本当は認められようが認められまいがあなたの価値（と思っているもの）は変わりません。それどころか、人間に価値があるとかないとかはそもそもなく、あるといえばすべての人に価値があり、ないといえばすべての人に価値（という概念）はないというのが、一番真実に近いのだと感じます。

企画が通って皆に称賛されすごい喜びに満たされた中でも、エゴが肥大化していることに気づき浄化していくと、純粋な喜びだけが残ります。褒めてくれた人たちに「ありがとう」「嬉しいよ」という素直な言葉が出ても、それは自己価値とは紐付いていません。

純粋な喜怒哀楽の感情になると、いつまでも忘れられない出来事、もう何年も前のことなのに、今思い出しても腹が立つというようなことはなくなります。

ようやくわたしたち人類は、自己価値と何かを結びつけるパターンから卒業していこうとしています。「わたし」という全体と切り離されたちっぽけな存在という認識が、自分を強化させる何らかの価値を必要としていました。しかし、これからわたしたちは自分も含めたすべてが大いなる宇宙、大いなる命の一つの表現であることを深い部分から実感していくようになります。

過去の痛みや不安、恐れというブロックが癒され解放されるたびに、わたしたちの自我の壁はどんどん薄くなり、自己と他者、自己と世界との境界線が薄れていきます。するとと自分の世界から自己価値という概念が薄れ、それと同時に誰かや何かに蔑まれたり、バカにされたり、無下にされるという感覚や体験がなくなっていきます。これは麻痺させているのではなく、わたしたちが自分の本質や愛そのものに繋がり始めることで、その波動が自分の世界に投影されていくのです。

そのとき、ネガティブな感情というものはあまり湧いてこなくなり、自身が存在する歓びや全体と繋がっている絶対的安心感（二極の相対的安心感ではなく）をベースに、個である自己をどのように表現し、体験していこうかという躍動感やワクワクしたエネルギーで創造的に生きていけるようになります。

それこそが5次元へのシフトであり、まさにわたしたちは今そのプロセスを歩んでいる最中なのです。

第三段階から第四段階への移行

あなたが求める幸せとは？

多くの人が幸せを求めます。では、幸せとはいったい何なのでしょうか？

わたしたちが行っているセッションでも、今ある悩みや問題がなくなる状態や、今よりもさらに理想的な状況が訪れることを望んで受けられる方がほとんどです。稀にただ会いたかった、話したかったという方もおられますが（笑）。

幸せの定義は人それぞれですが、一つには「自分が求めるものを得られる状態」だといえます。何を求めているかというのもまた人によって違いますが、大きな区分で見ると、わたしたちが求めるものは時代によって変化してきており、それは段階によって分けることができます。

第一段階　生き延びることに一番の関心がある段階

第二段階　物質社会で成功することに一番の関心がある段階
第三段階　精神の充足に一番の関心がある段階
第四段階　本質的なことや魂の探求に一番の関心がある段階

戦後まもなくの日本は、まさにここでいう第一段階に当たり、食べるものも少なく、いかに生き延びるかが人々の一番の関心事でした。

その後、日本は大きな経済成長を遂げ、いかに物質的に豊かになるかということが人々の関心事になり、第二段階へと入りました。

日本はどんどん物質的にも豊かになりバブル景気が最高潮に達した頃、平成が始まりました。このままさらに経済成長していくように思えましたが、平成に入ってすぐにバブルは崩壊し、その後「失われた三十年」といわれるほど、経済や景気が低迷する時代が続きました。

平成は「平らに成る」と書くように、今までの極端に偏った物質至上主義や成果主義などの価値観を見直し、平らに、ニュートラルにしていく時代だったともいえます。

人々は物質だけを追い求める時代から、いかに日常を充実させるか、自己実現するかという第三段階の精神の充足へと関心の対象を移していきました。

一切物質を求めないということではなく、多ければいい、派手に目立つほうがいいという傾向から、質や満足度などが重視される時代になりました。ちょうどインターネットやSNSの発展と共に、物質という目に見えるものから、目に見えないものへと関心が高まっていったのです。日常や実生活が充実している状態を指す「リア充」という言葉が出始めたのも平成でした。

そして、ついに令和という時代が幕を開けました。令和の「令」という字は、ひざまずいて神の声を聞く姿が元となっています。まさに天や神などの見えない大いなる存在の導きを受けて、調和していく時代、魂や霊性の時代へと入ったのです。

「いいね！」を増やす前に自己回帰

今までの一般的な幸せは、第三段階の日常を充実させることが重視されていました。物質的にある程度満たされた中で、旅行やレジャー、スポーツや習い事などの趣味、パートナーや友人関係の充実、SNSでは、多くのフォロワーや高評価を得ることなどが幸せと直結していて、インスタ映えという言葉が流行ったように、見栄え重視の世界で、どう見せるか、どう見られるかが大切にされてきました。でも、それも行きすぎると中身のない実態の伴わないものばかりが氾濫してくる世界になっていきます。

以前、プリクラ写真の目が、宇宙人のように極端に大きくデフォルメされた加工になったことに驚いたことがありましたが、あれはまさに本質とかけ離れた今の世界を象徴しているのかもしれません。さらにその行きすぎた「映え・盛り」に辟易した人が増えたのか、今度は学生の間では盛れないSNSが流行り始めました。極に偏りすぎたお陰で中庸に戻ってきたのかもしれません。

わたしたちの本質は魂であり、スピリットです。

本当の幸せは外側の誰かにアピールしたり、評価されるものではなく、自分自身に回帰していくことで得られます。SNSで誰からも「いいね！」されずに寂しい思いをしたのだとしたら、「いいね！」を増やす努力をする前に、その寂しさと向き合う必要があります。

その寂しさは小学校時代に友達ができなかったときの寂しさがまだ癒されずに残っていたのかもしれないし、「どうせわたしなんか……」という自己卑下の思い癖で引き起こした現実なのかもしれません。

そういった過去の痛みや思考パターンに気づき、解放（浄化統合）していくことこそ、自分と向き合っていくことになり、自分の本質、魂と繋がっていく作業です。それによってわたしたちは真の喜びや平安を感じていくことができるようになるのです。

今まで、第三段階の精神の充足や喜びを追求することは、世の中的には日常を充実させている素敵で豊かな人というイメージで推奨されていた部分がありました。

一方、第四段階の自分と向き合っていくことやスピリチュアル的な探求は、「あぁ、そっち系の人ね」という感じで、世間的にはどこか浮世離れしたイメージが拭えませんでした。むしろ日常が満たされないから、そっちへ走ったようなイメージすらあったのです。

ただそれは、本来、人生を魂や霊的な視点から探求するスピリチュアルという分野が、願望実現や引き寄せなど、いかに見えない力を使って第三段階的な幸せを手に入れるかに傾きすぎて、本質を見失っていたところにも原因はありました。

わたしたちふたりも自分たちの仕事を説明する際に、魂や霊性などの言葉を入れると怪しげな仕事をしているように伝わってしまうため、真意を伝えるのに苦労しました。

この本を読まれているあなたも、きっと自分がスピリチュアル好きということを公言できずに生きてきたのではないでしょうか。わたしたちは一見華やかな第三段階を謳歌する人々に隠れて、ひっそりとスピリチュアルするしかありませんでした。

霊性の時代

でもこれからは違います。

令和を境に時代が第四段階の本質的なことや魂に意識を向けていく段階へと移行しました。つまり魂や自分の本質という部分を主軸にしていかないと、うまくいかなくなるのです。

これからはどれだけ演出しても、うまく見せかけてもそれはすぐにばれてしまうし虚しさも募ります。外側や表面的な部分だけにフォーカスして満たそうとしても真に満たされることはありません。何をするにも自分の深奥である魂や本当の自分の思いが大事になってきます。

本当の自分と一致していくためには、常に自分の感情や思いを感じていくことが必要です。ネガティブに感じる出来事があったのなら、それは宇宙からのメッセージなので、蓋をせずに向き合ってみると、自分にとってどういうことが示されているのかが分かってくるのです。

この宇宙は、目に見える物質としての部分は５％に過ぎないといわれています。残りの95％は、目に見えないエネルギーで構成されているのです。つまりわたしたちが見ている現実や現象は目に見えない95％が要因となっていて、顕われているのはほんの一部分、まさに氷山の一角だったのです。

もし現実面に問題や不調和があるのなら、見えていない95％の部分、つまり自分の内面やその現象が示す本質的な原因を観にいかなければなりません。

逆に日常生活の中でしっかりと自分の内面と向き合って本当の自分の思いや魂と繋がってくると、自然と内側が満たされ、その満たされたエネルギーが目に見える現実に反映されていくようになります。

ですから、第四段階的な生き方を実践していくと、深い部分から満たされ、自然と第三段階の精神的な充足感も得られるようになっていくのです。

実際にわたしたちふたりは、ただ日常で自分の内面と向き合うことだけを実践してきました。その結果、自分たちが想像だにしなかった現実や現象がずっと起き続けています。

あなたの本質、あなたの魂は自分にとって一番必要なもの、あなたが最も幸せを感じられるものを知っています。それはわたしたちの顕在意識ではおそらく想像もできないことなのです。

今後、買い物のときにお惣菜や調味料の裏の原材料表示ラベルを見るように、何らかの現象が起きたとき、「えーっと……この現象は何で創ったのかな？」と当たり前のように自分の内面を観にいく時代がやってきます。そして「そうか、この動機が自分の本質とずれていたから、こんなおかしな現実になっていたんだ」とすぐに気づいて修正していけるようになるのです。とてもすばらしい時代だと思いませんか？

お惣菜も美味しければ何が入っていてもいいとは決して思わないように、より素材や中身重視の現実をわたしたちは求めるようになっていくでしょう。

そのためには現実や物事の本質、奥を観ていく第四段階的な生き方が不可欠になっていきます。

魂や本質的なことを一番に考える生き方にシフトしていきましょう。それこそがあなたが最も満たされる道なのですから。

第6章

宇宙からの愛に気づくと最善のパラレルへ移行する

この世はバランス

どちらの極も受容して中庸へ

「怒りは良くない」と聞いて、「そうか、怒りは良くないから怒らないようにしよう」と思ったことはありませんか？

わたしたちは、「〇〇が良い」と聞くとそちらに偏り、「〇〇は良くない」と聞くと反対側に偏ろうとします。常に正しさを求めているので、正しいと信じたほうに偏る癖があるのです。ですがこの世はバランスが最も大切だといっても過言ではありません。

息子が小学校に入学したときに、任天堂ＤＳが欲しいというのでお祝いに買ってあげました。その頃のわたしたちは自由を重んじていたので、息子にも特に時間制限を設けずゲームをさせてあげていました。

するとゲームをやっている間は異常な熱中度で何かに取り憑かれたかのような異様な雰

囲気でのめり込むのですが、ゲーム以外の時間は魂が抜けた廃人のようになってしまったのです。一番のピークは小学一年生の夏休みだったと思います。

自由に偏りすぎていたことにようやく気づいたわたしたちは、以降は時間制限を設けました。徐々に息子のゲーム熱は冷めていき、小学校三年生の二学期頃からはまったくしなくなり、早々にゲームを卒業していきました。

日本語には「いい塩梅」「ほどほど」「程よく」「適度」などの絶妙なバランスを表す言葉がありますが、まさにそういうことです。やりたいことをやればいいとか、楽しいことをやればいいというのはもちろんそうなのですが、本来向き合うべきものから逃避するために楽しいことだけを優先するのなら、それは偏りになっていきます。

「あるがままでいい」という言葉があります。確かにわたしたちの存在、本質はあるがままですばらしいものですが、この地球へ来た魂はみんなそれぞれが魂の課題やカルマを持って生まれてきています。ですからこの3次元の学びの段階では、魂の目的や方向性から明らかにずれた選択や生き方を、「これもあるがままでよし」とはなかなかいえないのです。

二極世界である地球では、どちらかの極に偏ることが正解なのではなく、どちらの極も受容して統合することで中庸に入ります。

怒りに関していえば、怒りと同化することなく、かといって怒りを抑圧することもなく、必要な怒りは表現して、あとは内観するということが「いい塩梅」になるのかもしれません。

自由も、未熟な3次元のわたしたちは、制限や束縛などを通して真の自由を学んでいきます。自由に好きなことばかりしていたら、持続力や耐性が失われて本当に力を発揮したいときに発揮できなくなるし、逆に制限が多いと本来の自分を見失っていきます。つまり、個々の中でバランスをとっていかなければならないのです。

但し突き抜けて波動が高くなれば、自由を謳歌することで喜びの周波数がさらに広がり、創造性も活性化され、より良いものを世の中に提供できるようになるでしょう。それでも3次元にいる限り多少のしなければならないことはありますが、その中にも喜びや情熱を見出すことができるようになり、それが苦ではなくなります。

あなただけの黄金バランス

正解もマニュアルもどこにもなく、バランス感覚も人によって違うので、人類は宇宙からは幼稚園生といわれていますが、その実、この次元はとても難しいです。結果も何かもその人によるのです。

なぜならわたしたちは、宇宙のルーツや魂年齢、波動や今世の課題などすべてが全員違うからです。だから誰かの教えや指針は参考にはなりますが、すべてを自分に当て嵌《は》めると上手くいきません。宇宙は全員違う目覚め方を望んでいるのです。まさに自分オリジナルのバランスのとり方を学ぶことも霊性進化の大切な要素になります。

また、対人関係の中でも、バランスは常にとられています。

夫が子どもを叱らない人なら、妻は無意識にバランスをとって叱る役をします。あまりにも堅い職場には、バランスをとるために緩い人が出現します。働きアリの中に、かならず働かないアリがいるのもそのためです。わたしたちはついつい自分と真逆の要素を持つ人を否定しがちになりますが、宇宙法則的にいえば、真逆の要素を表現してくれている人がいるからこそ、今の自分がこの性格や資質で存在できているともいえるのです。

宇宙は常にどちらにも偏らないニュートラル、中庸を促してきます。すべての星が自転しながら公転しているのもバランスを保つためです。エネルギーを循環させ、極に偏らないようにするのは宇宙法則の一つといえるでしょう。

我が家では滋賀の農園から無農薬米を定期購入しているのですが、その農園からのレターにはこのように書かれていました。

――また大自然から学ぶことも多く、人生の糧になっていると思っています。

特にバランス（中庸）ということを実感します。程よい水の量、肥料の量、散布するタイミング、程よい気温、自然との調和が合うと良い結果になると思います。その為には観察して勘を働かせる必要があります。まだまだ思いどおりになりませんが、それが良い結果になることも有り、楽しいところでもあります。

自然の法則を生かす、バランスは人生においても良い結果をもたらすポイントだと思っています。

バランスをとることや直観を働かせること、観察すること、そして思いどおりにならないことが良い結果になることもあるなど、さまざまな叡智が含まれています。

つくづく、何かを誠実にやり抜いていると、最終的にはスピリチュアリティが高まっていくのだなと感じます。

また、このような佳きものをチャレンジして作ってくれているところから購入することは応援に繫がります。

こちらの農園はEM菌を田んぼに撒き、田んぼの土を有用微生物でいっぱいにしてくれているので、菌活大好きな我が家には願ってもない農園なのです。もしも出来が悪い年があったとしても、それすらも受け容れることで、いっしょにより良いものを創造しているといえるのではないでしょうか。

コラム⑪　教えて深緑さん！

遠赤外線はとても良いよ。宇宙エネルギーに似ていて、でも宇宙エネルギーは人間が受けたらあまりにも強すぎるから、それを弱くして伝えてくれる太陽のようなエネルギーだよ。

クリスタルはすごい効能を持っているよ。水を浄化したり、エネルギーになったりということはもう知っていると思うけど、ほかにもいろいろとすごい力を持っているよ。

・音を何よりも速く伝える
・空間内に置いているだけで、波動を良くする
・スマホやテレビなどにクリスタルを入れて造るだけで、害がほぼなくなる

勉強は一切人間の本質ではないから、そこはしっかり切り離して考えてね。

会いたくない人とは会わなくてもいいの？

よくある質問に、「会いたくない人とは会わなくてもいいですか？」というものがあります。

確かに無理をして会ってもストレスが溜まるので、会わなくてもいいと思います。ですがバシッと関係を断ち切るのではなく、まずは適度に距離を置くという形をおすすめします。

その人のことも自分が創造しているわけですから、断絶する、シャットアウトするというのはやはり違うと感じます。

それに、それをしてしまうといずれその「断ち切り」も返ってきます。その人からではなく、別の誰かや何かから。人気店に並んでいたら自分の目の前で売り切れになってしまうとか、仕事の担当を突然外されるなど、唐突に何かが断たれる現象が度々起こってしまうのです。それは数ヶ月先なのかもしれないし来世なのかもしれませんが、波動が高ければ高いほどすぐに返ってきます。

なのでこれだけの知識があれば、やはり「断ち切り」は避けたいところです。

そしてここからが大切なのですが、距離を置いたあとしっかりと回収作業をやっておきます。「なぜあの人を観ていたのか」「何が嫌だったのか」というところを見直して、自分なりの学びや気づきに昇華させて浄化統合しておくということです。

「鏡の法則」は自己受容と他者受容が同時に起こる

そしてもしも鏡の部分に気がついたら、自分も相手も同じ痛みを持っていたんだなぁと理解することで、相手の人のことも自分のことも受容できます。

簡単な例を挙げると、相手の人が自分の話ばかりをしてあなたの話を聞かないのならば、鏡として、あなたも本当は自分の話をもっとちゃんと聞いてほしい、相手の話より自分の話を優先させたいという思いを持っています。

これは話を聞いてもらうことでスッキリできるし、自己承認できると考えているからなのかもしれませんが、もっといえば愛が欲しいからです。

ならば、相手の人も同じ痛みがあるのかもしれない。だからついつい自分の話ばかりをしていたんだなと理解を深めることができます。完全には受容できなくてもかなり緩まるのです。

そして、自分の話をもっと聞いてほしいと内心思っている自分のことも「聞いてほしかったんだね、分かるよ」と自己受容することができます。自己受容は癒しに繋がります。

浄化できれば、大抵は相手の性格や雰囲気が変わるか、自分の観方が変わり気にならなくなります。もしもまた会いたいと思えるのなら関係を復活させればいいし、それでもやっぱり会いたくないなら距離を置いたままでも良いと思います。学びや気づきを得てカルマ解消が完了したならいずれにせよ世界線は離れていきますから。

鏡の法則は、相手を観て自分自身を振り返ることも大切ですが、宇宙が最もしてほしいことは、この法則を使って自分のことも相手のことも赦すことです。受容することです。宇宙はすべてを赦しています。受容しています。この世界に起こるすべてのことを了承しているからそれは起こっているのです。

固定観念や常識を抜けると、可能性は広がる

当たり前のように感じている常識といわれるものや、固定観念がこの世界にはたくさんあります。ですがこれらは時代や民族、背景によって変わるもので、絶対的なものではありません。

たとえば昭和の時代なら、終身雇用が当たり前で転職を繰り返すと周りから後ろ指を指

されることもありました。女性は家で家事、子育てをし、男性は外で働くという常識も、今は変化しもっと多様化しています。

このように常識や固定観念は、そのときの集合意識で創り上げた実体の伴わないものであることがほとんどです。

またそれは、ひとつの足かせとなってあなたを制限のパラレルに閉じ込め、いくつもの可能性がある世界線を見えなくさせてしまうのです。

「親孝行しなければ」からの卒業

「親孝行しなければならない」という固定観念があります。それを強く持っていると、親が寂しがっているから会いにいってあげなければという思いや、面倒を見てあげなければならないなどの思いに必要以上に囚われて苦しくなります。

真奈美さんは親の面倒に追われ、自由な時間もままならないほどでした。ちょうど真奈美さんのお母さんは骨折で入院中でしたが、真奈美さんは遠方の病院まで毎日通っていました。根本の観念には「親孝行しなければいけない」がありました。

「親孝行しなければどうなると思っているの？」と問いかけると「親が悲しむ」「周りからひどい娘だと思われる」「わたしが見ていてあげないと親が怪我をしたり大変なことになる」などが出てきました。これらの恐れが「親孝行しなければならない」という観念を持っていた理由に当たります。

親が悲しむと思っているのは、自分の中に「誰かに放っておかれた悲しみや寂しさ」が未消化のまま残っているからです。その痛みを親に投影して、放っておかれると寂しいに違いないと感じてしまうのです。

また実際に親御さんが「寂しい」と言っているのだとすれば、かなり重めの「寂しい」と感じているブロックが自分の中にあるということになります。

親が寂しいのではなく、「放っておかれて寂しい自分」が奥底にいるのです。これは過去生での体験によるものがほとんどですが、似たような感覚を浮かび上がらせる体験を今世の幼少期にしている場合も多いです。

わたしたちは常に、自分の中にあるものしか外側の世界に見ることができません。誰かがかわいそうに見えたのなら、かわいそうな自分をそこに見ています。誰かが悲しそうに見えたのなら、自分の中の悲しみをその人に見ているのです。

真奈美さんとのセッションでは、その悲しみや心許なさを、まずは浄化ワークやインナーチャイルドワークで癒しました。

さらに「そもそも親はそんなに面倒を見てあげなければいけないほど弱い存在なのか？」ということをいっしょに掘り下げていきました。

わたしたちひとり一人が現実の創造主なので、親は年を取っていて弱い存在だと思い込めば思い込むほど、その人の現実ではそのように力を無くした親になっていきます。

真奈美さんは、『母はまだまだしっかりしている。多少ゆっくりでも自分のことは自分でやれるし、しかも丁寧にできている。それなのにわたしはそんな母を子どものように扱って心配していたのだ』ということに気がつきました。

自分の中の痛みをお母さんに投影して、お世話をすることで自分を救おうとしていたのです。

すると、毎日かならず見舞いに来てほしいと懇願していたお母さんが「毎日来なくていいわよ。お母さん、大丈夫よ」と言ったそうです。

退院後もできることは自分でやってもらうようにしました。すると目に見えてお母さんはシャンと背筋も伸びしっかりしてきたのです。

周りの人に「親の面倒も見ず、ひどい娘だ」と思われる恐れも、本当にひどい娘なのか？　という観点で考えてみると、真奈美さん自身がそうやって他者をジャッジしていたことに気がつきました。

かならずしも手取り足取り面倒を見ることが親にとっての幸せではありません。自立できる人生をできるだけ送ることのほうがずっと幸せだともいえます。構えば構うほど人は依存体質になっていくものです。

真奈美さんは、「わたしは、自分の子どもたちには面倒を見てほしいとはまったく思っていないです」と言いました。

「どうして自分は面倒見てほしいと思わないのに、お母さんの面倒は見てあげなきゃいけないと思っているの？」と問いかけると、

「確かにそうですね……わたしは大丈夫だけどわたしの母はダメだと思い込んでいまし

た」

「それは観方を変えるとお母さんを力無きものとして観ていることにもなってしまいますよ」とアドバイスすると、すごく納得されたようでした。

仮に本当に親が寂しい思いをしているとしたら、それは必要なプロセスなのかもしれません。そのプロセスが必要のない人には、それが起きないのがこの宇宙の導き方です。

自分が無理をして親の寂しさを埋め合わせてあげると、親が「寂しさ」というエネルギーブロックと向き合うことができなくなります。寂しさや空虚感、つまらない、ヒマだな～という感覚こそが、わたしたちの根源にある空洞です。

ここと向き合うことでその空洞は自我の幻想だと分かり、徐々にその感覚は薄れていきます。強く持っていると、また来世への宿題として潜在意識下で持ち越すことになってしまいます。

親が寂しさを感じないようにしてあげることが、この世的な愛だと信じてきましたが、100％そうというわけではなかったのです。

だからといって親孝行しなくていいのではなく、すでに親御さんにはたくさんの愛と感謝を感じているはずです。何かあったらいつでも駆けつける気持ちさえ持っていればそれでいいのです。

また親孝行という親に対してだけのものではなく、誰に対しても愛や優しさ、思いやりは普通に生きているだけで持てているはずです。誰かが困っていたり助けを求めていたりしたら、ほとんどの人が手を差し伸べるでしょう。

「しなければならない」と思ってしまうのは、逆に気を抜くといっさい手を差し伸べなくなった過去生の自分をどこかで知っているから、何が何でも親孝行しなければ！　と負荷をかけている場合もあります。

本当に気を抜くと手を差し伸べなくなるのかな？

そうなのだとしたらどうしてなのかな？

などを内観して、今の自分はきっと普通に手を差し伸べるだろうと思えるのなら、それを再認識することで「親孝行しなければ」という観念から卒業することができます。

宇宙の愛とは？

3次元世界の「愛だ」と思い込んでいる感覚は、ほとんどが「情愛」です。これはねちねちねばねばウエッティなもので、状況次第で憎しみにも変わる二極的なものでもあります。

「困ったときはかならず手を差し伸べるから、放っておこう！」「(その人の魂のプロセスを)信じて、ただ見守っていよう」と相手を信頼して手を放すくらいが宇宙から見る本来の愛なのです。

地球人には冷たく感じるかもしれませんが、愛と情愛の違いを知るといろいろな呪縛から自由になっていくし、本当の意味でうまくいきます。

もちろん余裕があるときや、本当にそうしたい！　というポジティブな動機からの行動は良いかもしれませんが、必要以上に気遣ってケアしすぎるのは、親に限らずかえって相手を弱くさせてしまいます。

そう考えると本当の意味での親孝行や愛とは何なのでしょう。それをわたしたちはもう一度じっくりと考えなければならないのです。

わたしたちふたりが多くの方とのセッションを通して感じることは、犠牲的精神や罪悪感からの情愛がとても多いということです。どちらも3次元的に見ると「愛」に見えてしまいますが、これこそが一番重いエネルギーブロックになります。

自分を犠牲にしてしまうと、宇宙から「あなたは犠牲になりたいのですね？　ではそのようにいたしましょう」と言わんばかりに、犠牲になるような現実が次々に起こっていきます。

この行為の動機は愛なのか？　それとも恐れ（痛み）なのか？　ということに意識的になっていきましょう。

また本当に面倒を見ることや介護が必要なときは、それが宇宙から来ているお題なので真摯に取り組むことをおすすめします。でも一方でそれを創造したのは自分自身なので、なぜこの現実を観ているのか？　を掘り下げするということもセッションでは常にやっています。

固定観念を抜けるほど、わたしたちの現実は自由に、可能性に満ちたものになっていくのです。

自分の中から分離したものを統合してパズルを完成させる

現実を創っているのが自分である以上、世界のすべては自分の波動ということがいえます。身近なこと、地域的なこと、民族的なこと、世界的なことという風に段階はありますが、特に身近な半径五メートル以内のことに関しては、何か気に入らないものを拒絶したり、分離したり、切り離したりすることは本来できません。

ですがイヤな人、イヤな出来事に出会ったとき、遭遇したとき、わたしたちは無意識にそれらを自分とは関係のないものとし、分離線を引いてしまいます。でもそれをしていくと、どんどん自分の領域が狭まり、困窮していきます。

さらに切り離したものは別のネガティブな形でいずれ自分の目の前に顕れます。

でも「それは自分だった」と受容し統合することで、バラバラだったパズルのピースはおさまり完成していくのです。

わたし、よっつも分離線を引いていたことが、大きな出来事となって迫ってきた体験があります。

娘の場《ば》面《めん》緘《かん》黙《もく》症《しょう》

●これはきっと、わたしの問題だ

娘が小学校二年生のときの話です。

娘は恥ずかしがり屋なところもあるけれど、とても明るいキュートな子で、家ではいつも歌ったり踊ったりユーモアたっぷりにおどけたりしていました。娘がいるだけで家の中がパーっと明るくなります。

小学校では読み聞かせの時間というのがあって、立候補した保護者が絵本の読み聞かせに行っていました。ある日、わたしとぐるぐるもこの日のために手作りした紙芝居を扮装までして披露しに行きました。クラスは大いに沸いていたのですが、なぜか娘は、周りの子たちが「Mちゃんのお父さんとお母さんだね」と話しかけても、じっとうつむいて三角座りしたまま固まっていました。家に帰ってきてから聞くと「だって、恥ずかしかったの」と言いました。

物心ついたときから恥ずかしがり屋さんだったし、親が来て恥ずかしかったのだろうと深く考えなかったのですが、その数週間後の学校公開（授業参観）に行ったときに娘を見ていて、「そういえば、この子が学校でしゃべっている姿を見たことがない」と唐突に気がつきました。保育園のときはまったくそんなことはなかったし、家でも屈託なく明るかったのでうかつでした。

もしかすると症なのかもしれないと思いました。この言葉も知らなかったのですが、少し前にいらしたクライアントさんのお題がそれだったのですぐに分かったのです。

早速本を取り寄せて読みました。

『場面緘黙とは、特定の社会的場面（学校や職場など）で話すことができなくなる精神疾患の一つです。選択性緘黙とも呼びます。生活場面全体にわたって話すことができない場合は、「全緘黙」と呼びますが、場面緘黙の場合は、全ての場所で話せないという訳ではありません。家庭など、他の場面や場所では普通に話すことができます。典型的な例としては、「家の中では家族と問題なく話すことができるが、家族以外の人と、学校や職場で話すことができなくなる」という状態があげられます。』（出典：『場面緘黙Q＆A：幼稚

園や学校でおしゃべりできない子どもたち』かんもくネット著、角田圭子編・学苑社）

小学校に入学したときから学校から帰ってきた娘に「今日はどうだった？」と聞くと、娘はいつも「楽しかった！」と言っていたのにまさかでした。そう言えば一年生のとき変なことを言っていたことも思い出しました。

帰宅した娘が高揚した顔で「今日ね、Aちゃんが「あ」って言って、Bちゃんが「い」って言ったの。だからわたしも「う」って言ったの！」とキラキラ輝いた瞳で嬉しそうに言ったのです。一年生だから「あ・い・う」と友達たちと言い合ったという話なのでしょうが「え？　なんでそんな話わざわざするのかな？」と思いました。特に突っ込んで尋ねることもせずスルーしてしまいましたが、あまりにも嬉しそうだったのでずっと心に残っていました。

ですがあのとき娘はすでに緘黙症でほとんど誰ともしゃべっていなかったのでしょう。だから「う」と言えた自分が嬉しくて意気込んで報告してくれたのです。

いつも元気で楽しそうな娘だったので、緘黙症になってから約二年も経ってようやく気がついたのでした。

学校公開の感想を書く用紙に、「娘は場面緘黙症ではないかと思います」と書きました。すぐに一年生のときから担任してくれていた先生から電話がかかってきました。

「お母さん、わたしもそうじゃないかなと思っていて、お母さんにご相談しようかなとも思っていたのですが、Mちゃんはお友達とはほとんど話さないのですが、仲間はずれにもあってないし、話さないけどお友達の輪に入っているし、わたしが何か質問するとしっかりと答えられるので、場面緘黙といってもそこまで酷くはないと思って様子を見ていました。もっと早くご報告したら良かったのですが、すみません。ご心配ですよね……」

「先生も心配してくださっていたんですね。ありがとうございます。娘にどうして話さないの？　と訊いても『なぜだか分からないけど話せないの。でも毎日楽しい。大丈夫』って言うんです。先生、大丈夫です。きっとすぐに話すようになると思います」わたしはそう言いました。

わたしは、これは娘の問題ではなく、わたしの問題だと思いました。なぜなら、これを創り出したのはわたしの世界においては、わたしという創造主だからです。だからわたしがちゃんと自分を観たら解決すると確信していました。

早速、この件の価値観を書き出してみました。

・友達としゃべらないと学校生活はうまくいかなくなる
・自分の気持ちはちゃんと相手に伝えないと！　それが誠実さだ

わたしは小学校三年生くらいまで随分ぼ〜っとした子どもで、自我もほとんどなく、思いも好みも主張もほぼありませんでした。母曰く「右を向けと言ったら、ずっと右を向き続けるような子だった」そうです。

だからでしょうか。あまり覚えていないですが、小学校低学年の頃は、まともに友達とも話さず、ただ誰かの後を付いて回ってニッコリしているという少女だったのです。小学校三年生くらいでやっと自我が芽生え、友達といえる子ができました。

そんなとき、クラスでも目立っている女子がわたしのことを嫌いだと言っているのを聞いてしまいました。何も悪いこともしていないし、それどころか接点もそれほどなかったのに嫌われているという事実を突きつけられ、傷ついたのだと思います。わたしという人物をよく知ってもらっていなかったから嫌われたのかもしれないと思ったのかもしれません。

そこからだんだんしゃべるようになっていきました。自我がきちんと芽生えたわたしは話すことが好きだったのです。

そこからは友達作りには苦労しませんでした。

自分は割と社交性があるほうだとずっと思ってきたのですが、大人になってから、無理をしてがんばってきていた自分に気がつきました。

小学校のときのことがきっかけで、みんなに良い顔をして気さくに話すキャラを無意識に作り上げていたのです。

学校でしゃべらない娘は、無理をして社交性を発揮していたわたしの反転鏡でした。

わたしは本当はそこまで人付き合いが得意なわけではないのに無理をしていました。学生時代の癖で、社交性があるほうが上手くいくと思い込んでいました。話すことは本当に好きなのですが、気の合うほんの数人の人たちとの深い分かち合いのほうがわたしにはずっと合っていたのです。

●酔って文句のような寝言を叫ぶ父

緘黙症の本にはこのようにも書いてありました。

『緘黙の子は、話しかけても何も答えません。周りの人（先生や同級生）は、話さない子を見てだんだんバカにされているように感じ、怒り出してしまうことがありますが、そうではありません。彼らは話したくても話せないのです。』（前掲Ｐ２７２出典に同じ）

この箇所を読んだときに、稲妻が走ったかのようにある出来事を思い出しました。

結婚する数年前のことです。当時、父は酔って夜中に大声で「俺は悪くない」とか何を言っているのかあまり分からないのですが、なんらかの文句をぐちゃぐちゃと寝言で叫ぶという期間が数週間ありました。

昼間、父が素面《しらふ》のときに「昨日の夜中もうるさかったけど、どういうストレスがあるの？　何に腹を立てているの？」「何かで悩んでいるから、酔って言ってしまうんだよね？」と聞いても何も答えず下を向きます。酔っぱらったときはあれだけ文句みたいなことを喚《わめ》いているくせに、素面のときは黙り続けるとは何事なんだ？　と思い、さらにそれを言っても黙ったまま。

弟は当時引きこもっていたので、自分のせいで父がストレスを溜めているのだと思い込み、夜中は耳栓をして父の声が聞こえないようにしていました。わたしも父が望んだように結婚して孫を見せるということをしていなかったし、母はわたしが小学生のときに判明したのですが、先天性視力障害で将来失明していく病気でした。実際年々視野が狭くなってきていて、歩くときも腕を組んで誘導してあげなくてはいけませんでした。

父の思い描いていたような理想の家族には程遠く、貧乏くじを引いたかのような気持ちだったのかもしれませんし、将来に不安を感じていたのかもしれません。父が何も言わなかったので定かではありませんが。

とにかく、わたしがどれだけ尋ねても何ひとつ答えない、話さない父に、酔ってあれだけ大声で寝言を言っているくせに、こちらがちゃんと訊いたときはだんまりですか？　無視ですか？　と怒りが湧きました。そして、もしかしてわたしのことをバカにしているのではないか？　とすら思えてきたのです。

まさに本に書かれていた「バカにされている感じ」でした。緘黙症の子は実際にはバカにしていないのにずっと何も答えないために相手の人に勘違いされます。

つまり、父もわたしのことをバカにしていなかったのに、わたしが誤解して勝手にそう感じていたのです。そういう誤った思い込みで父を責め続けていたことを宇宙は示唆してくれているのだとハッキリと感じました。

●人それぞれの誠実さ

わたしにとって思っていることを話す、自分の気持ちを伝える、というのは最大の誠実さでした。でもこのことをぐるぐるといっしょに掘り下げているときに、ぐるぐるに「よっつは伝えることが誠実さだと思っているけど、逆に黙っているほうが誠実だと感じている人もいるんだよ」と言われました。

わたしにはその感覚はまったく理解できなかった……というかそんな人がいるなんて青天の霹靂《へきれき》でした。ですが特に口下手な人ほど、うまく話せないから黙っておいたほうがいいと感じるようです。

確かに父は口下手な人間でした。だからこそ普段は何も言えなくて、溜まったストレスがああいう形で夜中に出ていたのです。それなのにわたしに詰問されて、余計に何も言うことができなかったのだと今なら分かります。

普通に考えれば分かることも、その渦中にいて、フィルター（観念、思い込みの色メガネ）がかかっていると明晰な判断はできないのです。

わたしは何でも素直に話すことが誠実ですばらしい！　というほうへ偏りすぎていました。その偏りを修正するために娘は場面緘黙症という正反対の役を演じてくれていたのです。

ようやくわたしは自分のフィルターに気づき、人それぞれ状況に応じた正しさ（＝幸せ）があるという理解を深めました。気持ちを伝えることや本音はもちろん大切なのですが、それがすべてではないということはわたしにとっての大きな「気づき」となりました。

人にはそれぞれの段階とテーマ・課題があり、相手の現状のみを見て決めつけることはできません。相手が本音で接してこようが、黙っていようが、その人のそのときの状況、状態に寄り添い、受容することが本当の誠実さなんだなと思いました。

本当は当時の父に対しても、言うに言えない深い悲しみや不安感がそういう形で出ているんだねという理解が必要だったのかもしれません。でもあのときのわたしにはそれは到底無理で、自分たちが被害者で絶対的に父が悪い！　母と弟のためにも何とかしなければ！　と思い込んで行動することしかできませんでした。

●お話ししたよ！　もう大丈夫！

互いの不調和がぶつかってカルマを解消し合うのがこの3次元世界です。ギザギザした石をたくさんザルに入れて川面でゆすり続けると、それぞれが摩擦しあって、そのうちギザギザがとれてすべてが丸い石になっていく。この世界はそうやって互いに磨き合っているすばらしい世界なのです。その瞬間は相手のギザギザを痛いと思うし、「ふざけるな」と思うかもしれません。でも本当は違うのです。

だから父とのあのときのことはそれで良かったのだと思います。互いの不調和で創り上げた一つの出来事でしたが、それをこうやって昇華させることができたことは、わたしにとってかけがえのないギフトとなりました。

本当はそうやって昇華（浄化統合）させようね！　という約束をして、互いのスピリットはこの3次元マトリックスの世界で演じ合っているのです。

ここまでの統合のきっかけをくれた娘にも感謝です。娘は娘で過去生の痛みの浄化などが緘黙症でした。

浄化統合し、たくさんの気づきと学びを得たからでしょうか。娘はすぐに学校で話すようになりました。

「今日学校でお友達とお話ししたよ！　もう大丈夫！」と帰ってきた娘が嬉しそうに言ったときには、思わず泣いてしまいました。

あまりにもすぐに娘が話すようになったので、先生もびっくりされていました。あれから八年経ちますが、以来、娘の場面緘黙症は一度も出ていません。

このように自分の中で切り離したもの、分離させたものを統合していくほどに、自分の世界で欠けていたものはなくなり、より調和に満ちた世界へと変化していくのです。

過去の認識が変われば今も未来も変わる

セッションで親に感じていた悲しみや憤りを浄化すると、たいていの方が「今、思い出しましたが、親には○○してもらったこともあったし、□□もしてもらっていました」と先ほどまではまったく覚えていなかった親御さんの愛を思い出します。

これは浄化で周波数が変わり、紐付く過去が変わったことを意味します。もちろん未来も変わります。

クリエイティビティ（創造性、創造できる力）は「今ここ」にしかありません。

今、思い出される記憶の捉え方を変えると、すべてが変わって痩いくのです。

父の自死前日の電話

数年前にお父さんが自死された由美さんのお話です。

父と電話で話していたとき、父は「最近鬱っぽい。大分痩せた」と言いました。

わたしは何とか父に前向きになってほしくて、「ダイエットになって良かったね」と言いました。

すると父は、「もういいよ」と言って電話を切り、その翌日自死しました。

この（霊性進化の）学びのお陰もあって、父の自死についての悲しみや葛藤はもうほとんど統合できていましたが、最後の電話のことだけが今も胸に引っかかっています。

わたしのせいで死んだとまでは今は思いませんが、父の苦しみを分かってあげられなかったんじゃないかと思います。

わたし（よっつ）はこの話を聞きながら、漫才のコンビが漫才を終わらせるときに言うあのセリフ「もうええわ」「ありがとうございました〜」という軽快な掛け合いがビジョンとして浮かびました。

3次元的にはお父さんは「なんで俺の気持ちを理解してくれないんだ」という意味合いで「もういいよ」と言ったのかもしれませんが、魂としては漫才の終わりのような最期を締めくくるエネルギーとしてそれを言ったんだなと感じました。

人はついつい美しいフィニッシュを求めてしまうものです。「できれば笑って電話を終えたかった」「励ましてあげたかった」「分かり合いたかった」「きれいに完了させたかった」と。

問題がキレイに片付く、話し合いが上手く折り合う、互いに調和的友好的に別れる、などは多くの人の望みだと思います。人としてそう願うのは当然です。

ですがわたしたちは、当たり前に「良し」とされていた概念から抜けていく段階にいます。

「良い感じに終わったほうが良い」、これは本当なのでしょうか？

もちろんそうなったらそうなったで良いと思いますが、物別れに終わること、変な葛藤を残したまま誰かと別れることもまた良しなのです。

「こういうのが良い、その反対はダメ」というのはとても苦しいジャッジです。

どちらかが良くてどちらかが悪いというのは二極世界特有の考え方です。二極から卒業する方法は、どちらをも受容することなのです。

良い形で終わらなくてもいい、というのは、投げやりになるとかそういうことではありません。良い悪いを手放したその先の、宇宙の大いなる経綸《けいりん》に身を委ねるという感覚です。上手くいくとかいかないとかは実は重要ではなくて、大切なのはそこで何に気づけるのか、どのように自分の愛を深め、それをどのように人生に活かしていけるのかだけです。

それにたとえベストを尽くせなくても、人生に活かせなくても、それもまた経験としてはすばらしいのです。なぜならその経験がないと、ベストを尽くせる人にはなれないから。誰もがいずれはあらゆることにベストを尽くす人になっていきます。それがわたしたちの持っている本質の波動だからです。でもそこに行き着くまでは、うまくいかない体験、ベストを尽くせない体験がとても大切です。

●葛藤を残すことも愛

由美さんも最後は分かり合いたかった、ちゃんとお父さんを励ましたかったという思いがあったと思いますが、ふたりの魂の約束があったので、お父さんはそうやって葛藤を湧き上がらせてくれたのでしょう。

葛藤は「心の中にある摩擦や抵抗」と言い換えることもできます。

もし道路上に摩擦がなければ、スケートリンクのようにツルツルになり、転倒したり、ブレーキが効かずどこまでも進み続けたりで、いずれ何かに衝突してしまうことでしょう。摩擦や抵抗がなければ、わたしたちは安全に前へ進むことはできません。

わたしたちが人生という道を進む上で、葛藤という摩擦は絶対的に必要なものなのです。

由美さんは「わたしが悪かったんじゃないか」という罪悪感を元々持っていたので、魂の約束として、お父さんがそれを浮上させる役割を引き受けてくれました。

もし上手く励ますことができたとしても、お父さんの魂のシナリオはそういうことでは変わらないので自死は避けられなかったでしょう。だとすると、励ましたのに死なれてしまったというショックも大きかったのではないでしょうか。

お父さんの魂も、最期に娘とあんな別れ方をしてしまったというのは心残りとなり、来世で回収作業することになり、それは結果的にはお父さんの霊性を深めていくきっかけとなるのです。

また、「父の苦しみを分かってあげられなかったのではないか」という葛藤の答えは明白です。これ以上に分かってあげられている状態があるでしょうか。

幼少期からお父さんとの折り合いが悪く、浄化統合によってたくさんの葛藤を昇華させてきました。さらにお父さんが自死されてからは何年も最後の電話のことを考え続けてきた由美さんは、誰よりもお父さんと真剣に向き合い、関わってきたのではないでしょうか。

人間的視点でしか見ることができないと、それは分かり合えなかった悲しい別れのように思われますが、実際はそうではありません。

お父さんは最大限の愛（人間意識の愛情ではなく、宇宙的な愛）でその役をやってくれたのです。

そして見事にその出来事を使って、何となくの胸のひっかかり（お父さんに分かってもらえなかったなぁ、わたしもお父さんの気持ちに寄り添ってあげられなかったなぁ）という元々由美さんが強く持っていたエネルギーブロックを統合することができました。

『終わり良ければすべて良し』という言葉がありますが、「終わり」をどこに設定するのかはその人次第です。

お父さんとの電話や死を「終わり」と考えるのか、セッションの中で浄化統合できたことを「終わり」と考えるのか。はたまた、この先の人生も含めて大局的に捉えようとするのか。

いずれにせよ、これが最後ではありません。お父さんの魂と由美さんの魂はまた会えます。今回のことで宿題が残っていれば、またふたりでそれを昇華しようとする関係性で。宿題が残っていなければ、お互いの魂がやりたいことをサポートし合う創造的な関係性で。

そうやって、わたしたちは魂の仲間とともに転生しながら高め合っているのです。

人生に無駄なことはないし、間違いもありません。それをどのように捉えるのかは人によって千差万別ですが、自由意志が優先されるとてもおもしろくすばらしい世界です。

●あれほど憎んでいたのが嘘のよう

お父さんの「もういいよ」の葛藤を浄化統合できた由美さんは後日このようなメールをくださいました。

父の人生はダークなイメージでしたが、そこにパッと光が射し込みました。みんな自分の人生を生きている、みんな役割としてやってくれているんだなぁという感覚が腑に落ちました。父が明るくなって、わたしも明るくなって、すごく変わったという感じがしました。

その後、あまり良い思いを持てていなかったご主人の連れ子である義理の娘さんに対してのわだかまりがなくなったといいます。

義理の娘さんは大学生で一人暮らしをしていますが、たまに早朝にやってきて大声で喚きたてるそうです。でも今はそんな姿を見ても、この子も自分の役割をやっているんだな、すごいなという思いに変わりました。いずれ義理の娘さんも、喚きたてる役割から卒業していくでしょう。

お父さんのことと義理の娘さんのことがなぜか繋がっていたなんて、これもまたびっくりですね。さらにご主人との関係性ももっと良くなったそうです。

浄化統合をしていると、一つのエネルギーブロックが思わぬところに影響を及ぼしていたことに気がつきます。

コース受講が終わってからいただいたご感想にはこのように書かれていました。

あれから父の自死に関しても普段ほとんど意識することがなくなったのか、一昨日のセッションでも「そういえばそうだった」くらいの感じで思い出して、そんな自分にびっくりしました。

そんな風に忘れるなんて３次元的には冷たく見えるのかもしれませんが、エネルギー的には以前よりずっと父親との仲の良さみたいなものを感じられるし、愛と感謝の気持ちにあふれています。

あれほど憎んでいたのが嘘のようです……

そういう人こそ協力して学んでいる魂なんだと腑に落ちたことで、今まで出会ってきた人たちや今周りに居てくれる人たちへの捉え方も大きく変わりました。

自分と深く向き合うと、こんなにも見える景色は変わるものなのかと不思議な感じすらします。

お父さんとの過去の捉え方を今、変えることで、過去も現在も未来も変わります。パラレルやタイムラインが変わるともいえるし、意識の段階が上がったことで見えていなかったものが見えてくるともいえます。

過去は変えられないというのが定説ですが、「今」を変えることですべてが変わっていきます。なぜなら、「今」に過去も未来も内包されているからです。

コラム⑫ 教えて深緑さん！

Q 今を癒せば、繋がる過去生や未来生は変わりますか？

A 今が変われば、未来や過去も変わるよ。いじめの例で考えたら、いじめられた過去を浄化して今の自分の周波数を上げたら、同じように過去の自分の周波数も上がるんだよ。

ちなみに自分の現在の周波数のレベルが上がるときは、未来の自分が周波数を上げてくれたときでもあるんだよ。

第7章

霊性を高める生き方

願望実現エリアから霊性進化エリアへ

ここまで読まれたあなたなら、わたしたちが最も幸せを感じるためには「気づき」の多い意識へのシフト、つまり霊性進化していくことが一番大切だということを何となく理解していただけたのではないでしょうか。

今までのスピリチュアルは、いかに個の願望を叶えるか、自分好みの現実を創造するかに重きが置かれていました。しかし願望実現はどうしても個人の望みという特性上、意識やエネルギーが及ぶ範囲が狭く、他者や全体との分離も生まれます。

それよりも宇宙がわたしたちに望むもっと大きな目的のために生きるとき、必要なものは自然と与えられ、導かれていくという体験が起きてくるようになります。

その大きな目的こそが霊性進化なのです。

霊性進化の道は、わたしたち全員の魂の目的とも一致するため、個の願望を生きるよりも全体への貢献度が高く、その分、より多くの恵みも与えられるようになっていきます。

心理学者のマズローは人間の欲求には五段階あると唱えました。

第一段階　食欲や睡眠欲などの生理的欲求

第二段階　安心、安全な暮らしを求める安全欲求

第三段階　友人や家族、会社などに属していたい、受け入れられたいという社会的欲求

第四段階　他人から認められたい、尊重されたいという承認欲求

第五段階　自分の夢や希望を叶えたいという自己実現欲求

日本人でいえば、多くの人は第四段階の承認欲求や最後の自己実現欲求の段階にいるのではないでしょうか。願望実現の本が売れるのも、多くの人が自己実現したいという思いを持っているからでしょう。

しかし、実際は第四段階の承認欲求と第五段階の自己実現欲求がくっついてしまい、尊重や承認を得るために自己実現したいという場合もよくあります。それは自己実現という

よりも今の自分に不足を感じているエゴからくる「自我実現」なのかもしれません。

本来の自己実現は、エゴの思いや自分の付加価値を高めるためのものではなく、霊性を高め、学び成長していきたいという魂や真我の思いを叶えていく「真我実現」といえるものなのです。その上で絵を描きたい人は絵を描き、野菜を作りたい人は野菜を作り自己実現していきます。

わたしたちが真の意味での自己実現をしていくためには、エゴを満たす願望実現エリアから魂を満たす霊性進化エリアへと移行していく必要があります。

次のページの図は、現実というスクリーンに映し出された出来事をどのように捉えるのかを意識段階に応じて三段階に分けて描いたものです。

たとえばこの図のように、パートナーに叩かれるという体験をした男性がいたとします。意識の立ち位置がスクリーンの中にいる場合は、その出来事や感情と同化しているので、根本的には問題を変容させる力はありません。

まずは「自分が創った」ということを理解して、スクリーンの外に出ます。これは同化を抜けて俯瞰視点に立つ、つまり現実というスクリーンを客観的に観ている観察意識にな

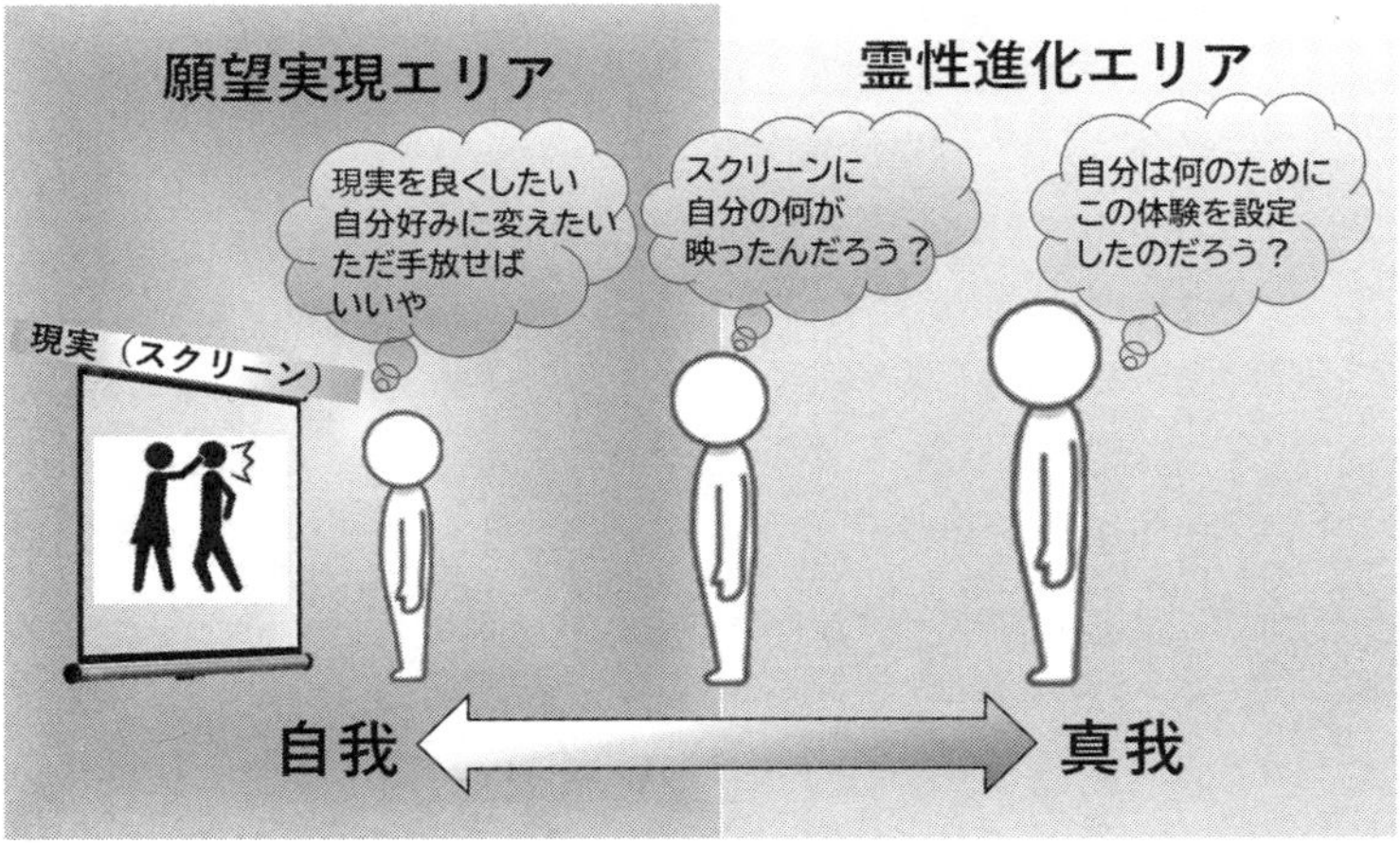
願望実現エリア
霊性進化エリア
現実を良くしたい
自分好みに変えたい
ただ手放せば
いいや
スクリーンに
自分の何が
映ったんだろう？
自分は何のために
この体験を設定
したのだろう？
現実（スクリーン）
自我
真我

るということです。

一番スクリーンに近い位置にいる創造主意識の初期段階では、少し現実を引いた視点で捉えられているものの、まだ出来事や感情とほぼ同化しています。

この段階では自我が主導権を握っているので、「とにかく現実を良くしたい」という思いが強く、「パートナーに自分の言うことを聞かせたい」とか、「パートナーに叩かれないようにしたい」というように現実を自分の都合のよい方向へコントロールする目的でスピリチュアルな知識を利用しがちになります。

いわゆる願望実現エリアのど真ん中にいる状態でもあるので、そこから何か気づきを得ようという意識は少なく、とにかく自分に都合の良い現実にするために、ただこのバイブレーションを手放そうとか、ポジティブなイメージを描こうとするだけになってしまい、なかなか大きな変化は起きません。

次の段階で創造主意識が少し進んでくると、スクリーンとの距離が少し空き、その時湧き上がった感情と自分とを切り離すことができ、「この現実に自分の中の何が投影されたのだろう？」と現実を客観的に捉えることができるようになります。

ただ、まだ霊的知識を叡智として深く落とし込めていないので、自己を内観したとしても「自分を否定していたから、それを投影してパートナーに叩かれる現実が起きたんだ。だから自分を許して、自分にもっと優しくしよう」というように、どちらかというと自分を擁護する方向の軽い気づきで終わってしまいます。これも間違いではありませんがまだ深みに達していないため、これだけではなかなか根本的な解決には至りません。

そこからさらに創造主的な意識が深まって次の段階に入ってくると、「創造主として現実を変えたい」という思いよりも、「自分が創造主ならば何に気づくためにこの現実を創造したんだろう？」というように、自分を省みて、そこから学び、成長していこうという意欲が強くなってきます。ここからがまさに霊性進化エリアになります。

その視点で出来事を深めていくと、「自分は会社で仕事が遅い部下を強く非難していた（エネルギー的に叩いていた）ので、それが鏡として返ってきた」ということに気づくかもしれないし、さらに仕事が遅い部下になぜ腹が立つのかを掘り下げていくと、「幼い頃、いつも母から『早くするように』と急かされ、早くできなかった自分をどこかでずっと否定し続けていた。だから遅い部下を見るとその否定していた自分を見るようで腹が立ったんだ」ということにも気づけるかもしれません。

パートナーが自分を叩いたように、自分は一生懸命やろうとしていたのになかなか早くできなかった幼い自分を心のどこかで否定し続けていた（叩いていた）のだと分かったとき、自然と幼少期の自分への謝罪と受容が促され、それを教えてくれた部下やパートナーへの感謝の思いも湧き上がってきます。

同時に自分の中にあった「早くするのがいい」「遅いのはいけない」という観念も、人それぞれのペースや特質があるという理解が深まるので、おそらく緩めていくことができるでしょう。

深い気づきと癒しによって根本原因が解決されると波動が変わるため、パートナーに叩かれるという現象もなくなるでしょうし、今まで仕事が遅かった部下への反応や対応も変わっていくはずです。

このように創造主という捉え方を願望実現のためではなく、霊性進化のために活用すると、自然と自分にとっての最善な現実が訪れるようになっていきます。

霊性進化エリアでは、ただ単に現実が調和的に変化していくだけでなく、霊性や波動が高まった上で、感謝や感動、他者への共感に溢れた、よりハイアーな現実を体感していけるようになるのです。

全体への貢献、発展を望む段階へ

特に令和に入ってからは物質主義から霊性主義へ、そして個別意識から全体意識へと人類全体の意識段階が急速に変化していっています。ですから、エゴの願望を叶えたい、現実を都合の良いように変えたいという思いは、全体の流れから分離していくため、宇宙のサポートが入らないばかりか、そのカルマがより強く返ってくるようになります。

一方で、調和的な現実に変えていきたい、自分なりの気づきを深めて向上していきたいという思いは、人類全体の霊性を高めていく大きな貢献となります。
マズローも晩年に気づいたといわれている六段階目の欲求がこれを表しています。

第六段階　地域やコミュニティ、社会、地球全体の発展を望む自己超越欲求

わたしたちは深いところで、いつも他者や全体への貢献、そして幸せを望んでいる存在なのです。

たとえば、あなたが無価値観から脱することができれば、その気づきは人類全体の集合意識へと広がり、同じように無価値観に苛まれていた誰かがそこから脱することを後押ししていくエネルギーとなります。

それとは逆に、起きた出来事を周りのせいにばかりしている人がいたとしたら、その思いもまた集合意識へと広がり、被害者意識に浸りたい人にエネルギー的に加担していくことにもなるのです。

このように、わたしたちは気づかないうちに常に人類全体へ何らかのかたちで関わり、ポジティブもしくはネガティブなかたちでエネルギー的なサポートや加担をし続けていま

す。当然、自分が放ったエネルギーはまた自分の元へと戻ってきます。

深い気づきや学びは、人類の霊的成長をサポートしたい高次元存在の後押しを得て、さらに自分が向上していくことができる人とのご縁や出来事へと繋がっていきます。

一方で不平不満を言い続けるという行為は、幽界や低次アストラル界にいる同様の思いを持つ存在たちとチャンネルが繋がり、彼らの後押しを得て、さらに不平不満を言いたくなるような出来事を引き寄せていきます。

エゴや欲を叶えようとすることも、同じように我欲を満たしたい低次の存在との繋がりをつくるのでそれらの存在の後押しを受けて一時的にうまくいく場合もありますが、結果的には不調和の極みになるので行き詰まっていきます。

自分という小さな意識の枠を超えて、もっと大きな意識がわたしたち一人ひとりの現実を完璧なまでに創造してくれています。

今、目の前にある現実と向き合い、そこから新たな気づきや学びを得ていくことで、あなたはこの世界を創造した大いなる宇宙と繋がり、その壮大で深遠な意識を体感していけるようになるのです。

願望実現エリアはすでにわたしたちの居場所ではありません。霊性進化の道を進みながら、真の創造主として目覚めていきましょう。

次元とは観方

3次元や5次元という言葉がよく出てきていますが、5次元は今のこの3次元世界とまるで別の場所にあるというものではありません。次元というのは、常に折り重なるように今に存在しています。この世はいくつもの次元が折り重なった多次元世界なのです。

同じ地球上にいて今すでに5次元世界を生きている人もいれば、3次元世界を生きている人もいます。

わたしたちの意識が3次元的な二極性や分離感に基づいたものであれば、今までどおりの固定化された3次元の世界しか見ることができません。しかし、意識が広がり5次元的な愛や調和、ワンネスを主体とした意識でこの世界を見ることができてくると、わたしたちの目には5次元の世界が見えるようになってきます。

つまり次元とは「世界や物事をどのように観るか？」によって変わってくるのです。

たとえば車を運転中に、前にとても遅い車が入って来てなかなか進めない状況になったとします。そのとき「さっさと進んでくれよ」とか「なんでこんな車が前に来たんだろう…運が悪いな」など迷惑に感じたとしたら、まだあなたは3次元、分離の世界にいます。

普通はそう感じてしまうかもしれませんし、その思いを否定する必要はありません。

しかし、意識的に浄化や掘り下げをしつつ、観方や捉え方を変えていくことであなたの次元は変わっていきます。

どんな出来事も自分が創ったのだという叡智があれば、仕事や頼まれごとを自分がどこかで停滞させてストップをかけている鏡だと気づけるかもしれないし、「ちょっと前のめりになって急いでいたから、ゆっくり行けという宇宙からのメッセージだな」とか「事故しないように守ってもらえたんだな」と捉えることができるかもしれません。

さらに相手の人に対しても、「この人はまだ運転が不慣れなのかもしれない。焦らせないようにこっちもゆっくり走ろう」などと相手のことを思って考えられるとき、あなたの意識は愛をベースにした5次元に存在しています。

そういう意識でいると周囲にも思いやりに溢れた人が増えていき、その恩恵を受け取れるようになります。

他にもたとえば食器洗剤ひとつとっても、ただ単に泡立ちがよくて、油汚れもきれいに落ちれば、たとえ環境に負荷を与える強い洗剤であっても構わないという考えは、自分のことだけを考えた視点で3次元的だといえます。洗剤が強力なものであればあるほど、環境や生態系などを壊していくので、そこまでを配慮して、自然由来の洗剤を選べるようになってくると、より意識の幅が広がって5次元的な視点へと移行してきています。

わたしたちも五年ほど前から、自然環境や動物愛護を意識して、環境に優しい洗剤を使ったり、お肉を食べることや動物性の素材を控えてヴィーガン的なスタイルへ切り替えました。

すると今まで無添加やオーガニック、無農薬野菜などが売っていなかったスーパーでそういうコーナーが突然できたり、ソイミートが普通に並んでいたり、オーガニックコスメや動物実験をしていない製品が増えたりして、みるみる環境が変わっていきました。これもまた一つのパラレル移行だと感じています。

物理学の世界では、縦横高さの三つの方向性を持つ空間を3次元として、それに加えてまた別の方向性や空間を見出せるほど、次元が上がっていくと定義されています。

それと同じで、先ほどの洗剤の話でいえば、自分だけの世界（空間）に加えて、洗剤が流れていった先の世界（空間）、川や土壌などの世界（空間）、魚や微生物の世界（空間）、その水を処理する人の世界（空間）、その汚染された水で育った魚介類を食べる人の世界（空間）、など意識しようとすれば、さまざまな世界（空間）や方向性を想像することができます。

そして、そこに対する思いやりや配慮を持てるほど、わたしたちの意識の次元も上昇していくのです。

地球＝自分

わたしたちふたりはよく犬の散歩をしながらゴミ拾いをするのですが、ポイ捨てする人は当然ながらそのゴミがどうなるかを意識できていません。それはまだ自分以外に存在する多くの世界や空間を想像できず、狭い範囲でしか物事を捉えられていないということです。

おそらくポイ捨てする人も、自分の部屋や家の中にはポイ捨てはしないはずです。つまり、わたしたちの「自分や自分のもの」という意識の範囲が広がれば、もっと調和的な世界が広がっていくのです。

たとえば自分の住む市町村が自分の家と同じくらいの感覚になれば、自分の町にポイ捨てする人はいなくなります。そうやってどんどん自分の意識の領域を広げていき、最終的に「地球＝自分」というレベルまで意識を引き上げられたとき、その人の世界の中で５次元への移行、アセンションというものが起きてきます。

「地球＝自分」という意識になったとき、人類は自分も他人も、自然も動物も微生物も自分の一部という感覚になり、それらを傷つけたり、搾取するような考え方ができなくなります。当然、環境を破壊するようなことやそれを助長するような製品やサービスも利用しなくなるでしょう。

また地球のどこかで紛争や問題が起きていれば、それも自分事として捉えて、自分の中の何を投影しているのかを一人ひとりが内観して、自分なりにできる解決法を試みるようになっていきます。

そのようにしてわたしたちは今までの自分中心、人間中心の社会から卒業し、人類は地球や自然環境、すべての動植物を考慮に入れた科学技術やエネルギー技術を発達させ、また経済や食糧、仕事などすべてのシステムを与え合い、循環していく仕組みへと変容させていくでしょう。すると地球は名実ともに5次元の星として生まれ変わり、他の宇宙の星々とようやく対等に渡り合える段階に入るのです。

何だか夢物語のように感じてしまうかもしれませんが、常に主体はわたしたちの意識です。わたしたちの意識が変われば、周波数、波動が変わり、それに見合った世界へと変容していきます。

もちろん全員共通の一つの世界ではなく、一人ひとりが違う世界を観ています。あなたはどんな世界を体験したいですか?

今後起きるかもしれないと言われている大災害や食糧危機、あるいは大きな権力を持った人々による闇の世界の構造なども、わたしたち一人ひとりが選ぶ観方、次元によってまるで顕われてくるものは変わってきます。

多くの世界、空間を見据えた観方を養っていきましょう。それこそがあなたの次元をシフトさせていくのです。

コラム⑬　教えて深緑さん！

Q マイクロプラスチック問題はどうすればいいですか？

A **一番良いのは祈ること。祈りの効果は絶大なんだよ。**
それと川原に落ちているプラごみはそのまま流れて海に行くからゴミ拾いをするといいよ。
プラごみを捨てるときは、感謝の気持ちをもって捨てると再利用されやすくなるよ。

ぐるぐる&よっつより

高次元から祈ってほしいと具体的にお願いされたことは、「海からマイクロプラスチックがなくなること」と「地球の砂漠化がストップし、自然の量が元に戻ること」です。わたしたち家族は夕飯前にこれらを含めた祈りを毎日しています。

Q 犬の散歩をしながらゴミ拾いをしていますが、バーベキューの季節など川べりにゴミが大量にあるときがあります。全部拾ったほうがいいのですか？

A 基本的には拾おう。すごく大きい本当に持てないくらいの場合は別として、基本的には目の前に顕れたものは全部片づけたほうがいい。拾うように宇宙が言ってるものだから。

ゴミは長くそこにあればあるほど、不調和なエネルギーを放出し続けるのでその場の波動が落ちていってしまう。特に大きいゴミの場合、それの出すエネルギーが強いから早めに拾ってあげるのがいい。

エネルギーは正確にはゴミの大きさに比例するのではなくて、捨てた人のエネルギーに比例するのだけど、大きいゴミを捨てる人は小さいゴミを捨てる人に比べてエネルギー的にもそんなに良いものを持っていないから、特に大きいゴミの場合はできればでいいのだけど拾うほうがいいよ。

日本の川は、世界トップレベルに美しく波動が高いよ。澱むことが少なく、水に

とって一番必要なミネラルがたくさん含まれているからだよ。そばやうどんも日本の水が一番美味しく作れるんだ。

ぐるぐる&よっつより

ペットボトルの水はエネルギーが水道水以下なので、水はブルーソーラーウォーターとグリーンソーラーウォーターがおすすめです。水道水か浄水器の水をブルーかグリーンのガラスボトルに注いで、一時間ほど太陽光に晒すとできあがり。中にテラヘルツ鉱石を入れておくと、湧水と同じ波動になります。

わたしたちがいろいろ試した中で一番のおすすめは「素粒水」という水です。素粒水は水道水に含まれる塩素や化学物質を消滅除去し、さらに添加物、農薬、電磁波の分解、無害化を助けます。腐敗せず醗酵していく記録水です。

チャネリングによると素粒水もブルーかグリーンのガラスボトルに入れて太陽に当てたほうが良いようです。ブルーは宇宙、グリーンは地球を象徴するもので、男性はブルー、女性はグリーンのほうが良いようですが、どちらでも良いです。

浄化は宇宙のほうが得意なので、浄化が必要な場合はブルーソーラーウォーターをおすすめします。

素粒水は動画セミナーで紹介していますので、興味のある方はぜひご覧ください。

「すごすぎる素粒水セミナー」のＱＲコードはこちら。

わたしたちは愛の度数を高めるために生まれてきた

地球は愛を学ぶ学校

魂の成長や霊性進化を別の言葉で言い換えるなら、「愛の度数を高める」という言い方ができます。

地球はまさに愛の度数を高めるための学校ともいえます。

元々わたしたちが生まれる前にいたふるさとの星は、この世界のような固定化された時間や空間というものがなく、意識で何でも創造できる次元です。

そこではいかに自分の創造性を働かせ、クリエイティビティと愛を融合させ全体の調和に貢献できるのかというのが大きな目的になります。

一方でこの地球では、ご存じのように光もあれば闇もあり、調和している部分もあれば不調和極まりないものも存在しています。また自分とはまるで異なる考え方や生き方をしている人もたくさんいます。そんな中でわたしたちは時に混乱し、葛藤しながら意識を広げ、受容性や愛を深めていくのです。

高次元存在であるシルバーバーチはこのように伝えています。

地上生活の目的は、霊性を活気づけることです。

そのために、地上界の出来事は二面性と二極性を鮮烈に体験するようになっており、そこに地上生活の地上生活たるゆえんがあるのです。

たとえば、善と善でないものが同居しています。これは、私たちの世界にはないことです。高次の世界には、対照的なものが存在しないのです。

地上生活の目的は、魂がその霊的資質を発揮できるように、さまざまな体験をするチャンスを与えて、霊性を一段と強化することです。そのためにも悪もあれば罪もあり、暴力も存在するのです。


（出典：『シルバーバーチのスピリチュアルな生き方Q＆A』スタン・バラード／ロジャー・グリーン共著　近藤千雄訳・ハート出版）


人生においてすべて思いどおりという人は存在しません。どんなに華やかで、うまくいっているように見える人でも、同じように光と闇を体験しています。むしろ光り輝いている人ほど、深い闇を昇華させてきた人ともいえるのです。

そもそも肉体を脱いだら行くいわゆるあの世では、波動によって厳密に段階が分かれているため、自分と同じ波動や周波数の霊《スピリット》としか接することができません。だから良くも悪くも葛藤そのものをあまり感じることがなく、その分、刺激も少なく、わたしたちの意識はあまり成長することがありません。

一方この世界では、「なんでそんなことするの?」と感じることもしばしばあり、わたしたちの心や魂は大いに刺激されます。それによって大きく葛藤することもありますが、時にはぶつかり合ったり、あるいは自分の感情や思いを抑圧したり、表現し合ったり、そこから相手を受容したりしながら、わたしたちは本当の自分や本来の自分の在り方というものを見出していくのです。

与えられなかったものが一番深めたいもの

幼少期にあまり得られなかったものを人生をかけて探求し、求めていく傾向がわたしたちにはあります。

幼少期に両親が不仲だったとしたら、心の奥には「本当はお父さんとお母さんに仲良くいてほしかった」という思いが残ります。その後、その人は人生を通して温かな家庭でのぬくもりや愛を無意識に求めていくのです。

そこにはパートナーシップや家族愛というテーマや相手を理解することや受容すること、自分の思いや意見を伝え、分かち合っていくことなどさまざまな愛のテーマが含まれています。

自分が得られなかったがゆえに強く求めるのですが、それを得るために自然とそこに含まれる愛の課題をクリアしていくように人生は仕組まれています。

あなたが一番欲しかったのに得られなかったもの、できなかったことが、そのことについて深め、その道のプロフェッショナルになろうと魂が計画してきたことでもあるのです。

愛にはさまざまな要素があります。思いやりや優しさはもちろん愛ですし、自分の思いや良心に正直に誠実に生きるということも愛のひとつでしょう。優しさと言ってもただ甘やかすことや依存させることは愛とはいえないし、時には毅然とした態度や厳しい態度を示すことも愛なのです。

このように愛にはさまざまな側面があり、人生には愛のいろいろな側面を学ぶ機会が訪れます。あなたにはどんな愛のレッスンが訪れているのかを感じてみてください。

父が教えてくれた僕が本当に得たいもの

僕ぐるぐるの父親は、僕が小さい頃から夜はあまり家におらず、仕事の付き合いや友人と飲みに行ったり、夜通しマージャンをするなどして、帰ってくるのは毎日明け方でした。ゴルフの会員権をいくつも持っていたり、車も勝手に買い替えたと思ったら、しばらくしたら友人にあげてしまうなど、本来なら家族のために使うはずのお金を別のところに散財していました。

僕の幼少期の心には「絶対あんな風にはならないでおこう。もし家庭を持ったなら、もっと家族との時間を大切にして、家族といろんなことを共有できる父親になろう」という思いが深く刻み込まれました。

そのお陰もあってか、僕はお酒やギャンブルにも嵌らず、家事もよっつと協力してこなし、家族といつも食事を一緒にとっていろいろな話を共有し合える環境を作ることができました。

父は魂レベルでの僕との了承の元、あえてそういう役を演じることで、僕が本当に得たいものや進みたい方向性を示してくれていたのだと今は思います。

また父親はそういうワンマンな人でしたので、父がいるときは家の中はいつもピリピリしていました。そんな中、僕は過剰に人の顔色や空気を読む癖がつき、自分の思いや感情も抑圧しがちになりました。

３次元的な見方で言えば、それは「父のせいでそうなった」となるのでしょうが、実際はそうではなく僕が過去生から持ち越してきた課題やエネルギーブロックがあったから、それに見合う父を見ていたのです。

ですがよっつと結婚してからは、彼女は自分の思いを素直にストレートに表現するタイプなので、僕も必然的に自分の意見や思いを表現するようにレッスンさせられていきました。家事もよっつのやり方と僕のやり方では違う部分もあったので、それはお互いの話し合いで解決していく必要がありました。

幼少期から求めていた和気藹々《わきあいあい》といろいろなことを共有できる家庭を築くためには、僕自身の誰とも話し合わず自己完結してしまう癖や、人の顔色をうかがい相手に合わせてしまうネガティブなパターンなどを解消していく必要があったのです。

このように魂は、自分の望みや理想を叶えていく上でさまざまな愛のレッスンや課題をこなすようにプログラムしています。

父の家はとても裕福だったのにもかかわらず、父は老舗の三代目で家業を継ぐ身だからと大学に進学させてもらえませんでした。進学してもっと学びたかったのに家業を継ぐことを余儀なくされ、その怒りや哀しみをお酒やマージャンで紛らわしていたということもあります。

そういう父の姿を見ていたからこそ、僕は本当にやりたいこと、情熱を注ぎたいことを仕事にすることができたのかもしれません。

あなたが深い部分で求めてきたものは何でしょうか？

それを得ていくにあたって、そこには何かしらの愛のレッスンが含まれているはずです。

それをこなしていくことで、あなたの愛の度数は高まり、きっと深い部分で求めていた理想を手にしていくことができるはずです。

ポケットティッシュから気づいた宇宙の愛

美鈴さんは毎朝四時に起床して、十キロの距離をウォーキングしています。ウォーキングをはじめてしばらくしてから、毎朝出会う老夫婦と仲良くなり、よくおしゃべりするようになりました。その際に、鼻炎気味の美鈴さんにいつもその老夫婦はポケットティッシュをくれるそうで、美鈴さんはどこかで「そこまでしてくれなくてもいいのに……」と感じつつも、断れずにいたそうです。

過去を振り返ってみると、美鈴さんは今まで誰かの好意を断ったことがほとんどなかったことに気づきました。セッションで掘り下げを進めていくと、相手の好意を素直に受け取って、相手を喜ばせようとしている自分がいるのが分かりました。その根底にあったのは「嫌われたくない」という思いでした。

さらにその嫌われたくないという思いの浄化を進めていくと、美鈴さんの中に強烈なあるビジョンが浮かんできました。それは美鈴さんがご主人を亡くした後に、何事もなかったかのように平気な顔をして、明るく元気に生活していた自分の姿でした。

美鈴さんは、四十代前半でご主人を突然病気で亡くされています。本来なら当時まだ小学生のお子さん二人を抱え、これからどうしていこうかと途方に暮れ、悲しみに打ちひしがれてしまうかもしれないところですが、美鈴さんはその後の日常でも気丈に振舞っていました。

それは悲しみに浸ってしまうと、もう立ち直れなくなってしまう自分を守る一つの手段でもあったと思いますが、元気に明るく振舞っていた大きな理由は、ご主人が亡くなったときに感じた「もう誰もいない、何もなくなってしまった、これ以上誰にも見放されたくない！」という強烈な思いでした。

大変な状況の中でも元気に明るく振舞って、周りから「立派だね」「よくやっているね」と認めてもらうことで、誰からも見放されない、目の前の人を繋ぎとめておくことができると深い部分で感じていたのです。

他人の好意を断れないのも、やはりその人から見放されないための一つの手段だったのです。深い部分に封印していた当時の自分を感じてみると、緊張感と恐怖でいっぱいの棒人間のようだったと言います。

「自分の中にこんなにも癒されていない存在がいたんだ。今までわたしは自分をまるでケアしてあげていなかった」と改めて気づいた美鈴さんは、その棒人間のような自分を癒し始めました。すると美鈴さんの中でまた一つ大きな発見がありました。

命懸けでメッセージを送ってくれていた娘

それはご主人が亡くなってから、摂食障害になってしまった娘さんのことでした。娘さんは当時、何も食べられなくなり、痩せ細ってしまい辛い時期を過ごしていました。その痩せ細った娘さんの姿と美鈴さんの中にいた棒人間のようになった自分が一つに重なり、美鈴さんは「摂食障害になった娘は、自分自身だった」と気づいたのです。

ご主人を亡くし周りに見放されないため必死に元気に振舞っていた奥には、本当は何も食べられないほどショックを受け衰弱して棒人間のようになってしまった美鈴さん自身がいたのです。

わたしたちは自分の中に抑圧したものを外側へと投影します。特に家族などの身近な存在に、自分が抑圧した痛みや、癒しが必要な部分を顕著に映し出します。そうやって自分の中にある痛みに気づき、意識を向けてケアするように促すのです。

娘さんは美鈴さんのためにその役割を引き受け、美鈴さん自身にメッセージを送っていました。美鈴さんは娘さんの摂食障害を通して、大きな葛藤や不安、罪悪感、そして娘さんとの絶え間ない言い争いを経験しながらも互いに深い絆を養っていきました。

これらの出来事が起きたのは、もちろん美鈴さんが抑え込んでいた痛みの解放のためという理由もあったのですが、娘さん自身の課題や克服すべきテーマもありました。家族は互いを写し鏡のようにしながら、互いのカルマや課題を克服していくように魂レベルで演じ合っているのです。

美鈴さんは自分と両親との関係はそこまで深くなかったと言います。今世、娘さんの摂食障害という大きな出来事を通して、娘さんと本気で本音でぶつかり合うことで、深い親子の繫がりを感じ、大きな愛のエネルギー交流をすることができました。これはそこまでの出来事でなければ、きっと体験できなかったことなのではないでしょうか。

娘さんはその後、元気に回復し立派に成長され、今は海外で過ごされています。今回、深く掘り下げたことで、当時のすべてが自分の痛みの解放と癒しに繫がっていたということ、そしてすべてを自分が創造していたということを改めて美鈴さんは腑に落とすことができました。

そして、「娘はもう大丈夫だ」と確信できたそうです。なぜなら、棒人間のように固まってしまっていた自分が深く癒され、心の底から「もう自分は大丈夫だ」と思えたからです。

この大安心の境地にいたるまでの長いプロセスを魂は見据え、一連の出来事を起こしていたことを思うと、宇宙や魂の深遠さに畏敬の念を感じずにはいられません。

そして、そのきっかけはポケットティッシュを差し出されたときのちょっとした違和感でした。ほんの些細なことであっても、じっくりと掘り下げていくと大きな浄化や癒しに繋がっていきます。

どんな出来事であれ、すべてはより大きな愛や気づきに至るための宇宙からのギフトです。それを信頼して今を大切に生きるとき、わたしたちはより大きなサポートと恵みを受け取っていけるのです。

気づきと共に宇宙への信頼を育む

わたしたちが長年セッションをしてきた中で、幸せに生きていくために何が一番大切かと問われればそれは間違いなく「気づき」だと答えるでしょう。

何か不都合な出来事や問題、悩みそれらすべてはわたしたちに何らかの気づきを促すために、宇宙が起こしています。

「そうか、このことに気づくためにこの出来事があったのか」と深い部分から納得できたときわたしたちの意識は広がり、波動や霊性も高まっていきます。脳内の神経回路やDNAでさえも「気づき」によって変わっていくのです。

今は量子で波動調整があっという間にでき、病気を治すことができるというものもたくさん出てきました。

ですが、「今の人類の波動では、そこまでのものはできない」と高次元は言います。たとえ病気が治ったとしても一過性だったり、また別のところに不具合が出てきたり、出来事として現象化したりします。

なぜなら気づきや学びがスルーされているので、根本のエネルギーは変容していないからです。

問題が起きたとき、それを単なる不運や不幸として捉えるのか、それとも自分に何かを気づかせるための宇宙からのメッセージと捉えるのかによって、わたしたちが進む道はまるで違ってきます。

後者の場合、その大前提にあるのが宇宙への信頼です。それは「宇宙は絶対に間違ったことをしない」「宇宙は常にわたしたちを真の幸せに導こうとしてくれている」という宇宙への全託の思いです。

言い方を変えるなら「起きている現実が正しい」という捉え方です。どんなに不都合や理不尽に見える出来事が起きたとしても、それが起きているということは、宇宙の法則に則って正しいことが起きているということです。そこには自分が気づく必要がある何かがあり、そこから学んで、今後に生かしていくべき事柄があるということなのです。

それをどれだけ腑に落とせているかが、わたしたちの幸せを左右するといっても過言ではありません。

ただ宇宙を無条件に信頼しましょう、といってもなかなか難しいかもしれません。だから自分の過去を振り返って、その当時は不幸に感じたことであっても、それによって自分がどう変化したか、どういう考え方が身に付いたか、その後の自分にどういう良い影響を及ぼしたのかなどについて思い返してみる必要があります。

そこには必ず何らかの気づきや発見があるはずです。なぜならその当時よりもあなたは多くの経験を積み、そこからの教訓を得て、確実に意識は成長しているからです。

その気づき、学びこそが魂の成長であり、宇宙があなたに最も体験してほしいことです。逆にどんなに3次元的にすごい成功体験であったとしても、そこに気づきや学びがなければ、宇宙的にはあまり意味はありません。

「気づき」が加わるとどんな体験も愛になる

たとえば、「今日、みんなで鬼ごっこをして最後まで捕まらずに逃げて勝ちました」という日記があったとします。そこには特に感動するものもなければ、心が動かされることもありません。

ですがそこに「気づき」が加わるとどうでしょう。

「今日、みんなで鬼ごっこをしました。そこでわたしはふと思いました。鬼を一方的に悪者にして、逃げる遊びって何なんだろう？　と。鬼は本当に悪者なのだろうか？　それよりも勝手に鬼という悪者を作って除け者にして遊ぶわたしたちの心理のほうがよっぽど鬼に似たものじゃないだろうか？　わたしは今後、鬼から逃げるのではなく、自分の中にある鬼のような心と向き合っていこうと思いました。そしていつか鬼を抱きしめられるような存在になりたいと思います」

もちろんこんなことを書く小学生がいたらびっくりですが、このように何気ない出来事からも深い気づきと学びを得ることを宇宙は促しているし、何よりわたしたち自身がそうしたいと内奥では望んでいるのです。

宇宙は一つの出来事にいくつもの浄化やカルマ解消、気づきと学びを含ませてくれています。常に一石二鳥、三鳥を狙っているのです。

宇宙はちょうどカーナビのように、わたしたちがどれだけ道を外れようとも、どれだけ促しやサインを無視しようとも、一切否定をせずにそこから目的地までの最短距離をいつも示し続けてくれます。ですから、いつからでもどこからでもわたしたちは真の幸せに向けて目覚めの道を歩み始めることができるし、宇宙から見放されることもありません。

この世界で最も力を持っているのはこの宇宙の意志です。どんなに大きな力や悪に見えるものがあったとしても、宇宙はそれさえもコントロールして、わたしたちの意識の目覚めや成長のために利用します。誰も宇宙の意志の範疇から外れることはできません。

そう考えると過剰に何かを恐れたり、備えたりする必要がないことが分かってきます。

現実がすべて気づきのために起きているのだとしたら、そこで必要な気づきを得ることができれば、同じような体験をし続ける必要がないので、現実は自ずと変化していきます。

気づきを得るために、次のような観点から出来事を見直してみてください。

・その体験で得られたことは？
・その体験がなければ分からなかったことは？
・その体験がなかったらどうなっている？
・その体験があったから、こうしていこう、こうなっていこうと思えたことは？
・その体験前と後で何が変わった？
・その相手や出来事を自分の鏡として捉えたら、何を映し出していた？
・その体験を自分がどこかで望んでいたとしたら、どういうメリットがあった？

宇宙もハイヤーセルフもあなたの愛の度数を上げるために、すべての現象を起こしています。それを信頼してじっくりと感じ、考えてみてください。するとかならずや何らかの気づきや発見を得られるはずです。

そして、大切なのはその気づきを日常に活かしていくことです。

確かに気づきでわたしたちの周波数は高まりますが、それを波動として定着させていくためには、日常で自分の態度や行動に反映させていくこと、つまり実践が大切です。
それによって真の意味でわたしたちは変化していくことができるのです。

母の株式投資失敗の恩恵

母は、引きこもっている息子（よっつの弟）が自分たちが亡くなってからも困らないように、アパートでも建ててその家賃収入で食べていけるようにしてあげたいという思いがあり、株式投資をやっていました。新聞も四紙か五紙取って毎日チャートというグラフを書いて研究し続けた結果、一時期とても利益があったようです。

わたしが結婚したときはちょうどどんどん上がっている株を保有していたらしく、「将来あなたが家を建てるときは全部出してあげるから！」とノリノリな感じで言っていました。

結果、その株は会社更生法により、元金もろともすべてなくなりました。信じられないことに一社だけにすべてを投資していたのです。

家は建ててもらわなくても良かったので別にいいのですが、実家の貯金がほとんどなくなったというのはさすがにショックでした。

ですがその大浄化のお陰で実家のエネルギーが変わり、弟は四十代にして自立を果たしました。

お金はエネルギーなので、エネルギーを大量に放出すると循環は良くなり、空いたスペースに佳きエネルギーが入ってきます。弟はもともと家系のカルマも引き受けていたので、実家が億単位のお金を失ったことで、家系的カルマがかなり解消できたのです。


母が「子どもたちが困らないようにしてあげたい」という思いを浄化できていれば、大金を失うということは起こらなかったのかもしれません。この思いの動機は「恐れ」なので立派なエネルギーブロックになります。どちらにせよ、母の意識は浄化ができる段階ではなかったのでそういう魂のシナリオだったのだと思います。

ですがそれによって、目に見えない負のエネルギーが解消され、二十年以上引きこもっていた弟を自立に誘いました。

母の「息子が困らないように」という望みは、母が願ったとおりのプロセスでは叶わなかったですが、結果、最善の形で叶ったのです。引きこもりながら家賃収入で生きていくのではなく、自立して働いてお金を得るという形で。

当初、母の愛は恐れでコーティングされたものでしたが、その恐れの部分で創り上げた「株で成功して息子が暮らしていけるようにしたい」という望みが崩壊することで、中に在った愛が実ったのです。

宇宙の愛は一見とても分かりにくく、わたしたちからすると失敗やしくじりに見えることも決してそうではありません。目に見えない気がつかないところでカルマを解消してくれていたり、エネルギーをクリアにし、充塡してくれていたりで、かならず次のステップに進ませようとしてくれているのです。

母が株で大金を得ていたらどうなっていたでしょうか。

弟はお金の心配もなく安心して引きこもり続けたかもしれないし、わたしもここまで霊性進化を探求できなかったかもしれません。

望みが叶わなかったからこそ享受できた、お金では買えない、まさにプライスレスな恩恵だったのです。

気づきのある人生、ない人生

この話の本題はここからになります。

霊的知識があり、霊性進化を礎としているわたしの中では、母の株式投資失敗は、失敗ではなく完璧な宇宙の采配であり、カルマの大浄化でした。宇宙はこのような形で愛を成就させるのだという感動すらありました。

一方母は、日常生活に霊的知識を活かせられる段階ではなかったので、自分の大きな失敗として認識し、以来株の話は封印し、まるで何もなかったかのように振舞い続けました。もちろん3次元的な教訓はあったと思いますが、それも「一社に投資するのは間違いだった」とか「株なんか信用した自分がバカだった」などで、深い気づきには至らないのです。

母の中には大きな罪悪感と後悔が残りました。

わたしはできるだけそれを浄化統合するように促し、実際にやり方も伝授しましたが無理でした。それが今回母が決めてきた道だったのでしょう。

確かに家の大切なお金をそのような形で失ったことは、ひとつのカルマになるのかもしれません。ですが宇宙はそれを利用して、先祖からの家系的カルマを清算してくれました。母はカルマとダルマ（徳）を同時に積んだのですが、カルマとダルマは相殺されることはありません。カルマはカルマとして、ダルマはダルマとして清算されるのです。

高次元存在はこう言います。

「カルマの仕組みは宇宙の共通ルールです。カルマとダルマが中和されてカルマが減るということはありません。基本的にカルマはカルマ、ダルマはダルマで受け取ることになります。そうしないと学びが深まらないからです」

ただしカルマというシステムがそもそも愛や学びを深めるためのものですので、カルマの清算を受け取る前にそれ相応の気づきや学びを得た場合は、そのままのカルマを受け取る必要がないこともあります。

母は、今回心に宿した罪悪感と後悔を来世以降解消していくのだと思います。

もちろん、それを観ているのはわたしですから、わたしが創った現実です。わたしも自分の中にある何らかの罪悪感や後悔を内観し浄化統合していきました。

このように、「気づき」がある人生とない人生はまったく違ったものになります。「気づき」がないと、無意識に自分を責め続けたり相手を憎み続けたりすることもあるでしょう。後悔も怒りも恥も罪悪感も絶望も、すべて「気づき」を得るとなくなります。

学びと気づきを得ることで、すべてが佳きこと、恩恵に変わっていく。

これこそが本当の奇跡なのではないでしょうか。

コラム⑭　教えて深緑さん！

カルマとダルマは相殺されることはないよ。ただ3次元的に見たときに相殺されたように見えるときがあるだけであって、実際はほとんど相殺されていない。たとえば殺人を犯したというカルマがあったとしてもそのカルマがかならずしも殺人というカルマで返ってくるとは限らない。分割されて返ってくることもあるし、そこにたとえば大きなダルマが重なったときにそれが相殺されたように見えるかもしれない。けど実際は自分が放った分のカルマやダルマを受け取っているに過ぎない。その受け取り方の違いによって相殺されたように見えることもあるかもしれないけど、実際は相殺されていないよ。

（でもバシャールは相殺されるって言ってたけど？）

高次元存在によっても捉え方がまちまちな部分もあって、相殺されると考える高次元もいる。ただバシャールのチャネリングに関しては、おそらくバシャールも相殺されることはないと思っている。

3次元に足並み揃えて考えるとすれば、相殺されると思ってもらってもあまり問題がない。むしろ相殺されると捉えてもらったほうが3次元の人からすれば楽。かならず自分が放ったものは受け取らないといけないというのは、少々重く捉えられるから。重く捉えられると波動が下がる。相殺されると受け止めたほうが楽でいられるから、敢えてそういう風に言ったと考えられるよ。

Q　お金のブロックについて

A お金のブロックというのはすごく大きなエネルギーブロックなんだけど、お金のブロックを通してすべての人は成長できるから、逆にお金のブロックがあるということはまだそれで成長しないといけないということ。だから本当いうと無理になくす必要はない。

少しいうと、「なぜお金が欲しいのか？」の動機が愛ならばそれはまだ良いほう。たとえば子どものためにお金を稼いでいるのなら、子どもに対してそれだけ愛があるということだから、宇宙の法則的にいえばお金を通さずともその愛が伝わってその子は確実にその人が思うように幸せになっていく。だからお金は必要ないという考え方。

動機が恐れの場合は（お金がないと大変なことになる等）恐れから急にブロックをなくすというのは難しいから、まずはお金を稼ぐ動機を愛に移行させなければならない。

動機を恐れから愛にするためには、浄化はもちろんだけど、普通に日常生活の中でお金を稼ぐことを一番の目的としないで、周りの人（家族や取引先の人、お客さん）

を幸せにするために働いているんだという意識を持つことが大切。
そこから少しずつ動機が愛に変わっていくから。

弟の引きこもり

人の目を見るのが怖い！

内閣府の調査によると、全国の引きこもりは推計一四六万人だそうです。特に深刻化しているのは四十歳以上の中高年の引きこもりです。その年代で引きこもりから脱出し、自立していくのは至難の業に思えます。

わたしの弟は二十代前半から引きこもりました。高校生のときから人間関係がうまくいかず、弟曰く「人の目を見るのが怖い」という理由で次第に引きこもるようになりました。

当時のわたしは、「人が怖いっていうけど自分も人じゃないか、何が怖いんだろう？」と引きこもっている弟を軽蔑し、「ちゃんと働きなさい」と檄を飛ばしたこともありましたが、高校時代に大喧嘩して以来ほとんどしゃべっていなかったので、苦手意識も強く何もできませんでした。ですが身体は健康なのに引きこもっているのは怠けているようにしか見えず、人が怖いのだったらせめて新聞配達でもしたらいいのに！　といつも思っていました。

引きこもっている弟は真夏でもエアコンをつけません。このままだったら死んでしまうのではないかというような暑さでも、「自分にはそんな価値はない」と言うのです。母からの伝え聞きですが。

またあるとき、身体中に黄疸が出て痩せ細り顔色も悪い時期がありました。わたしはすでに結婚して家を出ていましたが、母がどれだけ「お願いだから病院に行って」と言っても拒否するので、これはもう救急車を呼ぶしかないと一一九番に電話して事情を話したのですが「成人している方で意識がある場合、どんな状態であってもご本人の承諾がないと救急車にお乗せすることはできないのです」と言われたそうです。

弟はもしかしたら救急車のお世話になる資格もないと思っていたのかもしれません。

どちらにせよ、もう自分を生かすつもりはないのだなとわたしは思いました。自殺という積極的な行動には出なくても、できればこの生を終わりにしたいという思いがあったのだと思います。ですが病院に行かなくても何とか回復していきました。

これらの件を通して、わたしの中に無意識にあった「働かざる者食うべからず」的な観念が緩み、光が射し込みました。

健康なのに働いていない者は、本当にエアコンさえつけてはいけないのだろうか？
人としての快適さを求めてはいけないのだろうか？
救急車に乗ってはいけないのだろうか？

答えはもちろんNOでした。

高校時代に大喧嘩したと書きましたが、弟が中学三年生の修学旅行に行っている間、テレビ番組の録画を頼まれていました。それをわたしがうっかり間違って別のものを録画してしまい、弟の見たかった番組を録画し損ねたのです。

帰宅した弟は烈火のごとく怒り、「わざとやったんだろ？　お前はそういうやつだ」と言いながら、馬乗りになって髪を引っ張ってきたのです。はじめての暴力体験でしたし、人格を疑われたこともショックでした。それからも何度かぶつかり合うようになり、わたしたちはどんどん口を利かなくなっていきました。

本当はもっとちゃんと話し合えば良かったのですが、心のシャッターを下してしまったのです。これは当時あった、不都合なものから目を背けるわたしのシャットアウト癖でした。

生き切るだけで万々歳

そんな経緯で決して仲が良いとはいえない弟がずっと部屋に籠っているのは、わたしにとってとても息苦しいことでした。弟が一階の共有スペースにいるときにはかち合わないように、廊下でばったり会ってしまわないように、いつも二階の自室から耳を澄まし、弟が一階にいないのかを確かめてから下の階に行っていました。

弟がいなければどれだけ伸び伸びとくつろげるだろうと何度思ったか分かりません。今思えば、もうそこまで仲も悪くもなかったのになぜあれほど避けていたのだろうと思いますが、これも浄化が関わっていたのです。

当時感じていたなんともいえない鬱屈感は、わたしが過去生で幽閉されていたときの浄化として起こっていたことが今では分かっています。今世は過去生のときの大きな出来事を、小さな出来事としてプチ体験することで浄化できるお得な時代です。

弟がかつて録画をし損なったわたしを「わざとだ」と決めつけたように、わたしも「わざとに違いない」と思い込む癖がありました。だからそういう弟を創造したともいえます。そして、そう思い込んで相手をシャットアウトするというカルマパターンを過去生でも持っていたので、自分がシャットアウト（幽閉）されたのです。

幽閉時代の浄化として、自宅なのにどこか息苦しく伸び伸びできない環境を創り出しました。そうやって魂は幽閉時代の浄化を完了させたのです。

あるとき、弟が自分の部屋に鍵をつけました。誰も入らないのになんて用心深いのだろうと驚きましたが、これにも過去生の痛みがあったのです。

弟は過去生、裕福な家の娘でした。ある日、バルコニーに面した窓を開けて寝ていたときに、大男に入ってこられ襲われました。その過去生が大きな原因となって、今世引きこもりました。今回は襲われないように男性として生まれ、身体も大きくなりました。

でも痛みが浄化されていないので、鍵をつけたくなるのです。

弟の今世のテーマは「自ら死を選ばないこと」でした。高次元存在によると、弟はその過去生で自殺したということでした。

今回は生き切るだけで万々歳の人生だったのです。

娘の場面緘黙のところでも書いたように、わたしは友達もそれなりにいて、人間関係もうまくいっていて、誰とでも気軽に話せる社交性のある人間だとずっと思いこんで生きてきました。だから弟が人の目が怖いと言ったときも、まったく意味が分かりませんでした。ですが自分も無意識的に人が怖いところがあったのだと気がついたとき、「弟はわたしだった」と思いました。

自分とはまったく別の人格だと分離して考えてきましたが、徐々に自分自身の投影で創ったのだと創造主意識で自己を内観できるようになったのです。

わたしの父方の家（仮に澤村家とします）は、由緒正しい家系だったようですが、何かで嵌められて、一族郎党追いやられるということがあったようです。そのときの人間不信などが家系的なカルマとして残っていました。

弟が引きこもることで、その家系的な負の部分を引き受けてカルマ解消をしていたことも後々分かりました。あるとき、弟が酩酊して「澤村家は悪くない！」と泣きじゃくりながら何度も言ったことがあります。家系（先祖）が持っている痛みが浮上し、弟は無意識にそれを吐き出したのだと感じました。

弟が実家の「陰」を引き受けたからこそ（それを引き受ける因子があったからですが）、わたしが「陽」の役割で多くの方の霊性進化のナビゲートができたともいえるのです。魂としては「オレが実家のカルマは引き受けたから、お姉ちゃんはそっちの道で貢献してほしい！」という感じでしょうか。

誰が弟の面倒を見るの？

わたしの実家は大阪ですが、結婚して奈良に五年住み、そこから東京に移住しました。現在東京に来て十三年経ちます。

東京に来てからのことですが、父が三十五年ほど前の交通事故で痛めた股関節が突然悪化して、手術も何回もしましたが足を引きずるようになりました。他にもいろいろと悪くなり、ほとんどをベッドで過ごすようになりました。尿意を感じてもトイレが間に合わず、廊下などで漏らしてしまうということが何度かあったようです。

母は献身的にお世話していましたが、あるとき、父がこの十年間浮気をしていたのではないかという疑惑が持ち上がり、母は一気に父への憎しみを募らせました。

父は浮気していないと言いましたが、母は信じませんでした。それどころか父も母が浮気をしているという妄想の世界に入り込みました。

そのうち母は、「わたしを苦しませるためにわざと漏らしている」と言い出しました。

わたしは何度も「わざと漏らすわけないじゃない。そんな気持ち悪いことできる大人はいないよ」と言ったのですが、聞く耳を持ってくれませんでした。

わたしはこれも自分の不調和の投影を観ているのだと思い、内観を続けました。


その頃ふと、「両親が健在なうちはいいけど、亡くなったら誰が引きこもっている弟の面倒を見るのだろう？」という疑問が湧きました。

「え？　もしかしてわたし？」と遅ればせながら気づき、ぐるぐるに「両親がいなくなったら、わたしたちが弟の面倒見なきゃいけないかも」と言いました。ぐるぐるも「え、それはちょっとさすがに……なぁ」「わたしもイヤだし」と言い、二人で「う～ん」となりました。

ですがお互いすぐに内観するので、翌日「昨日の弟の件だけど」と話を持ち掛けると、ぐるぐるも「俺もそのことを話したかった。もしそうなったとしたらそれをやる必要があるってことだし、お金や必要なものはきっと与えられるんだと思う。だから、宇宙がその道を指し示すのなら、俺は面倒を見ようと思う」と言いました。

わたしもまったく同じ思いでした。

宇宙は完璧で、絶対に間違わないという確固たる思いはふたりの間ではすでに確立されていたのです。

わたしたちが肚を決めた翌日、奇跡が起こりました。

母から電話がありました。

「あの子が自立を決めたって言ったの。『自分は今まで人が怖くて避けてきた。でも今は人と触れ合いたい！　人を助けたい！　人のために生きたい！』って泣きながら言ったのよ！」と言いました。

弟は眠れぬ夜をまぎらわすために、深酒をしてアルコール依存症っぽくなっていたので、お酒を抜くために入院させてもらうと言って、自分で車を運転して大きな病院に行き、そこで二カ月ほど入院させてもらいました。

そして退院後、有難いことにその病院の先生に声を掛けてもらい、今はそこで働いています。

弟が四十代半ばで起こった奇跡でした。

念願の一人暮らしをしながら、自活することができたのです。


わたしは弟を通して、二十年以上もの間「人の価値とはいったい何なのだろう？」「働くこと稼ぐこと、誰にも迷惑かけないこと？」「いや、違う。そもそも人に価値のあるなしなんてあるのだろうか？」「そもそもなんのために人は生まれてきたのだろう？」ということを内奥に向けて問いかけ続けた結果、ゆっくりと、ゆっくりと、さまざまな思い込みが氷解していきました。

自分が観ている現実は自分が創っているので、わたしの内側の変容によりわたしの世界の中の弟は自立したと思っています。

引きこもりを創り出したわたしの痛みや観念、つまり「人は生産的な活動をしなければいけない」や「価値がある人間とない人間がいる」などが浄化統合されたので、もうその現実を見る必要はなくなったのです。

また直接的な原因は、ぐるぐるとふたりで弟の面倒を見ることを決意したことだと感じています。さらには母が株式投資に失敗したことも大きな要因です。

愛の演技

弟自身は、両親が互いに浮気をしていると思い込みケンカをしている姿を見て、「こんな歳の取り方はしたくないし、こんな家に居たくない」と思ったのが引きこもり脱出のきっかけのようです。

それを聞いて、やはり両親は「愛の演技」をしてくれていたんだなと思いました。

両親は弟が若くして引きこもってからも、なに一つ彼が自立するためのケアをしませんでした。話し合うとか、行政に相談するとか、支援を求めるなど、何かしらできたと思うのですが何もできませんでした。

父は母の育て方が悪いとか、母方の祖父が工場経営をしていたのですが災害で工場がダメになってしまってから働かなくなったので、その祖父に似たせいだと母を心の中で責めていました。

母は母で、こういうときこそ父親がしっかりと舵をとって話し合いなどしなければいけないのに、あなたは何もしてくれないと父に腹を立てていました。

結局ふたりとも何もできなかったのですが、最後の最後にそこまで不仲になりいがみ合うという「愛の演技」によって弟は突き動かされたのです。もちろん両親は無意識でやっています。でも魂は知っています。

二十年以上何もしなかったのも、弟がじっくり一人で向き合い葛藤しつづけ「人を助けたい！」という内なる愛が熟成する期間を与えていたともいえます。無理矢理自立させたところで、四十代半ばで涙を流すほど「人と触れ合いたい！　人を助けたい！　人のために生きたい！」と思えるかどうかは分かりません。

元来優しい子でした。小鳥が道で轢かれて死んでいたら、車から降りて土に埋めてあげるような弟です。優しすぎてこの世界が苛酷だったのでしょう。でも今はその優しさや誠実さを患者さんに惜しみなく与えることができていると思います。

「職場も近所も良い人ばかり」と言います。わたしが知っている弟は、いつもイライラしていて話も通じなくて屁理屈ばかりでしたが、今はまったくの別人です。

彼の部屋は長い引きこもりに苦しんだ跡がありありと残っています。ストレスから煙草を吸い続けたことで、真っ白だった壁は、まるで凄惨な事件現場のようにところどころ茶色く染まっていました。知らない人が見たら、壁に飛び散った血の跡のように見えるでしょう。ここでどれだけ苦悩したのかが分かります。

無為で無駄な二十年だと思う人もいるかもしれません。ですが弟の心は誰とも接さないことで内側に向かい、さまざまな問いかけが起こり発酵し熟成していったのです。引きこもっていても内面は進化していたのです。

外で働くことで霊性が進化していく人もいれば、引きこもることで進化していく人もいる。

このことを知れたこともわたしにとってはとても大きなことでした。

人生はタペストリー

人生は壮大な一枚の織物を織っているようなものだといつも思います。

織物は縦の糸と横の糸が、数千、数万、数十万本……と交差しています。人生で起きるさまざまな出来事、出会う人々は、それぞれが一本の糸のようなもの。どれだけ自分にとって異質な人との出会いも、それは一本の糸。あり得ないような出来事も一本の糸。感じた思い、発した言葉、それも一本の糸。

それらが絶妙に交差し、編み込まれることで出てくる模様、質感、風合いは、味わい深く、唯一無二の輝きがあります。

時折、黒っぽい糸が紡がれていきます。そのときはそれを排除したいと思ったり、辛く困難を感じたりするかもしれませんが、時が経ち、全体を俯瞰して眺めると、それが美しい模様を織りなすための最初の一本であったことに気がつくでしょう。

転生してきた今までの人生の一枚一枚のタペストリーを、パッチワークのように繋ぎ合わせていくと、それがまた一枚の壮大な模様の織物になっていくような気がします。

一枚ずつで見ていたときには理解できなかった模様も、繋ぎ合わせることで深い意味、気づきをそこに見て取れるのではないでしょうか。

至近距離で見ると、何が何だか分からないことばかりですが、全体像が見えたときに、すべてが腑に落ち感激の涙を流すことでしょう。

弟の引きこもりは、わたしにとってはずっと葛藤の種でした。ですが、そこから得られた恩恵は言葉では言い尽くせないほど大きいです。確実に自分の中の何かが剝がれ落ち、カルマ解消が為され変容していったことが分かります。それは両親も同じだったと思います。

出来事を共同創造した者全員がそれぞれのカルマ解消をし、それぞれに深く愛を学べるのです。

両親のために書き添えると、わたしはいつも愛に満たされ、何不自由なく守られ慈しまれて育ってきました。父母はわたしにとってかけがえのない存在でした。

それぞれがそれぞれの役割を確実にこなし、このカルマ解消に臨み乗り越えることができたのだと思います。感謝。

誰もが自分の幸せのために生きている

誰もが自分の幸せのために生きています。

そんなの当たり前じゃないかと思うかもしれませんが、自分にとって奇異な人に遭遇したとき、そんな当たり前のことが一瞬で吹き飛びます。

「あの人はどうしてああなんだろう？」と。

でもその人は、それが自分にとっての幸せだと思ってやっています。

どんな人も、その人にとってはその言動が、その在り様が、自分を一番幸せにすると信じているから、それをしています。幸せが正しさだと信じている人は、自分が信じた正しさを追求するでしょうし、幸せが強さだと信じている人は強くあろうとします。

同じくあなた自身も、いかなる瞬間であっても、自分にとっての一番の幸せを考えて選択し行動しています。

たとえば身なりを構わない人は、身なりを整えるよりも構わないほうがその人にとって幸せだからそうしています。

本当はもっと綺麗にしていたいと心のどこかで思っていたとしても、面倒臭さが勝っていたり、がんばったってどうせ自分はたいしたことないと思っているのかもしれません。もしくは、綺麗にするのはお金がかかると思っているのかもしれません。

つまり今の状態のほうがその人にとってはリスクや負担が少なく安心安全（＝幸せ）だからそうしているということです。

ケチな人はできるだけケチにすることが自分の幸せに直結すると思っています。それが正しいのか間違っているのかは誰にも判断できません。ちなみに本当にお金がない場合とケチは違います。

本人の顕在意識では、お金にせよ心遣いにせよケチでいるほうが幸せになると思っています。でもそれは潜在意識に「与えると損をする、不幸になる」などのエネルギーブロックがあるからです。

もっと奥の超意識はどうでしょうか？　ここからの導きは、「ケチな生き方を通して、本当の豊かさを学んでください」というものです。

散財することで本当の豊かさを学ぶ人もいますし、節約することで学ぶ人もいます。プロセスは人それぞれですが、ひとつ断言できることは、どんな体験もその人の内奥が「それを体験することが一番の霊性進化（＝真の幸せ）に繋がる！」ということを分かっているということです。

『今』が最善

わたしの母は、どんどん視野が狭まっていくという難病を患っています。さまざまな不自由があり、わたしの中で「そんな病気になってほしくなかった」という悲しみがありました。

高次元はこう言います。

「絶対に健常者のほうが良かった筈だとか、幸せだった筈だという思い込みがあるのですね。それは本当にそうなのでしょうか？　お母さんにとっての最善は『今』だと考えてください。お母さんは難病を持って生まれてくることによって成長しようとしている魂なのです。人は多くの思いを怒りや悲しみで封じようとします。怒りや悲しみの正体を見つけてください」

怒りや悲しみの正体は「健常者のほうが幸せに決まってる」という価値観でした。

母の魂にとっては今回の人生でこの病気を発症することが一番の霊性進化になるということ、それはつまり魂にとっての一番の幸せになるのです。わたしはそのことについての理解を深める必要があったのです。

不自由さから学べることはたくさんあります。他者への理解や愛もまちがいなく深まっていくでしょう。

母は自然を愛し、親身に人を労わる優しくて謙虚な人ですが、ふとした瞬間にプライドの高さやバカにされてたまるか！　という痛みが垣間見えていました。実は母は、過去生でプライドが高く、不屈の精神で自分のやり方を押し通す権力者もしくは政治家をやっていたので、今回の人生ではこの世的な弱者を体験する必要があったのです。

そんな中「いろいろな人に礼儀をもってどれだけ頼ることができるのか」という課題があったようです。

母の魂はすべてを分かった上で、今世この病気と共に過ごすことを決めてきたのです。

そして見事にその課題は果たせたとわたしは思っています。

どんな人のどんな状態、どんな振舞いにも理由があります。その人の魂にとっての幸せのために「今」その在り様なのです。

誰もが自分のためにその体験を選択し、もがきながらも光を見出そうとしている尊い命なのだという理解が深まると、本当にみんなそのままでいいんだ、どんな体験も良い悪いではない、正解なんてないんだ！　ということが腑に落ちます。

もしもまだ許せない人がいたとしても今はそれでもいいし、すべての人のことを好きになる必要はないし、尊敬できなくてもいいです。でもその在り様やプロセスを尊重することはできると思います。

「それをやることがあなたにとっての一番の学びとなるのですね」と深い慈愛の眼差しを向けることができるようになると、自分のことも受容できるようになり人生は確実に変わっていきます。

わたしたちは誰もが自分の課題に向き合い、愛の度数をできるだけ高めようとしている同志です。仲間なのです。

実は、問題は解決するためにあるのではありません。

「あなたはそれが問題だと思っているのですね。どのように捉え方を変えていけば、それが愛だと気づけますか？」という宇宙からの問いかけがそこにはあるだけなのです。

独自の偏った捉え方・観方で観ていたからネガティブなものに見えただけ。

捉え方を変えていくことで内なるエネルギーが変わり、自然とそれは問題ではなくなります。と同時に、現象面でも大元のエネルギーブロックがなくなったので解決された形になりますが、それ以上に一連の葛藤は愛と感謝の周波数としてあなたの中に統合されていくのです。

「良いことしか起こらない人生」にするためではなく、起こった出来事を愛の周波数に変えていける「わたし」になることが、真のスピリチュアルであり霊性進化なのだとわたしたちは思います。そしてそれこそが最強、いえ無敵なのです。

霊性を深めていく毎にわたしたちの意識は広がり、ワンネスへと近づいていきます。すると誰かの経験が自分の経験にもなり、誰かの喜びが自分の喜びにもなっていく。

そうやってわたしたちは個別意識で比較競争する世界から、全員と繋がり共振共鳴して成長していく世界への移行を果たしていきます。

これからわたしたちが向かう世界

地球はこれから大きく変化していきます。そのために必要なのはやはり自分自身の中にある霊性と愛の波動をいかに目覚めさせていくかです。あらゆる現象が宇宙の愛に気づき、わたしたち自身の愛を発動させていくためのメッセージです。

植物が太陽に向かって伸びていくのと同じように、人は誰もが霊性進化に向かっていきます。

だからこそ宇宙はその手を緩めることなく（それが愛なので）あなたが本質に戻れるような、目覚められるような出来事を創り続けてくれます。

時に宇宙は厳しい試練とも思えるような現象を起こします。わたしたちの目覚めが早ければ、その試練はそこまで厳しいものにはならないでしょうし、いつまでも目覚めなければ、宇宙はどこまでも揺さぶりをかけ続けてくれるでしょう。

しかしそれもまた、創造主であるあなたが自ら設定したプロセスなのです。

かつてイエス・キリストは「あなたたちはわたしよりも、もっと大きな御業を成すであろう」と言いました。これは嘘ではありません。元々偉大なる魂があえて自分を制限し、輝きを封じ込めて降りてきたのがこの地球であり、3次元世界でした。

キリストの言うように、わたしたちがやがて本来の輝きを取り戻し偉大な魂として目覚めることは、この世界にいる人全員に既に確約された道なのです。

これまで多くのクライアントさんとご縁をいただき、目覚めのサポートをさせていただきました。どんな方もその人それぞれの悩みや問題があり、何とかその状況を抜け出したいと願ってセッションに来られます。

もちろんその悩みや問題がクリアになり、楽になっていかれる姿はわたしたちにとっても大きな喜びですが、それ以上に、その方の魂があえて問題や悩みを設定し、それを何とかクリアにして、より一層輝こうと葛藤されている姿が、わたしたちにとっては本当に美しく、何よりも輝いて見え、「人間ってなんてすばらしい存在なのだろう」と毎回感動させられます。

さらに、その問題や悩みを解決していこうとするプロセスの中で、霊性進化の光に触れ、本来の自分自身に目覚められていく様子、意識が広がり深まっていく姿がとても尊く、人の持つ真のパワーや強さ、精妙さに心打たれるのです。

魂は過去生だけでなく、未来生をも見据えた上で必要な「今」をあなたに提示してくれています。たとえ大きな困難や問題が起きたとしても、それだけあなたは宇宙や魂から大いに期待され、見込まれた存在なのです。

今世は生き抜くだけで万々歳の魂もいれば、過去生から積み上げてきた才能や能力を大きく開花させる魂もいます。一方で本来は何事もうまくこなせる魂が、より深い学びを求めて敢えて不自由な環境でチャレンジする人生を選択することもあります。

どんな人生にも、そこには本人にしかわからない苦労や葛藤、学びと気づきがあります。

道しるべはすべて日常の中にある

地球が今向かっている5次元世界は、それぞれの個性が輝き調和している世界です。そこには比較や競争は存在しません。本来まったく違う魂の資質とシナリオを持ったわたしたちを一つの価値基準で比較競争することなど不可能です。

3次元的な尺度でどんなに劣っているように見えても、その魂の遍歴と計画を垣間見ることができたのなら、そこにわたしたちは畏敬の念を感じずにはいられないでしょう。

個性が輝き調和している5次元世界とは、きっとわたしたち一人ひとりが互いの魂の計画や役割を理解し、尊重し合いながら、全員の中に光を見出すことができている、そんな世界なのではないでしょうか。

この本を読まれたあなたもそんな世界へ向かっている一人です。

今後、今まで良しとされてきたもの、価値があるとされてきたものはどんどん崩れていくでしょう。しかし、それは悲しむべきことではありません。今までの枠組みがなくなることで、わたしたちの本質や霊性はますます輝いていくようになります。

一つの価値あるものを目指し競い合う世界から、すべてに価値があり、どんな存在であってもこの世界を構成するかけがえのない存在として、今いる場所で輝いていける時代がやってくるのです。

その世界へ行くための道しるべは、すべてあなたの日常の中にあります。

宇宙は常に目覚めのヒントをあなたの日常にちりばめてくれています。何かが否定的に見えたり、違和感を覚えたなら、ぜひ立ち止まってそのことについて感じ、考えてみてください。それはあなたに大切な何かを教えてくれています。

あなたの内面が気づきと共に浄化されたとき、否定的に見えていたものは、愛と感謝の対象となります。すると、あなたの霊性と波動が少しずつ上がっていきます。

これを日常で繰り返していくと、この世界をより高い波動で観ることができるようになり、あなたの世界は愛と調和、豊かさや喜びに満ちたものへと変化していくのです。

それこそが真のパラレルシフトであり、アセンションしていくということです。物質文明から霊性文明への移行は、わたしたちがいかに表面的な視点から抜け出し、世界を本質的な視点で観ることができるのかにかかっています。

あなたの霊性を輝かせていきましょう。

この光の時代の幕開けに照準を合わせて、あなたの魂は悠久の時を旅してきました。闇の中、ただ一点の光だけを頼りに、何転生も、何百転生も繰り返し、ようやくここまでくることができたのです。そんな自分を誇りに思い、この時代、この地球で、目覚めを意図した仲間たちと再び居合わせることができている奇跡を今一度味わってみてください。

あなたの魂が輝くほどに、地球もさらに輝きを増していくことでしょう。

そんな愛と調和に満ちた時代はもうすぐそこまで来ています。その地球にいる自分、その世界をあなたが生きているパラレルは既に存在しているのです。

あとはあなたの意図と共にそこへシフトしていくだけです。

さあ、今からが本番です。

思い切り楽しんでいきましょう。

愛と喜びで共鳴しあう世界であなたと再び出会えることを願って。

おわりに

『十年後の自分をイメージしてワクワクしてみよう。その感覚をできるだけリアルに感じてみよう、そうすれば叶う！』ということを本で読み、今から二十年ほど前のある日、わたし（よっつ）はそのイメージングを試みました。

ですがどれだけイメージしようとしても、グレーに塗りこめられたものしか見えず、誰もいないどころか自分自身すら見えません。

「ああ、わたしの人生はこんな感じなんだ、きっとそんなに幸せにはなれないんだろうな、もしかしたら生きてさえいないのかもしれない」そう思いました。

ですが数年後、本書に書いたようにツインレイの運命の人と出会い、グレーしか見えなかった十年後は想像を遥かに超えた意義深く満ち足りた現実になりました。

イメージできなかったのは、当時の自分の想像を遥かに超えていたからだったのだと後で気がつきました。

イメージできることは実現できるといいます。確かにそれもあるかもしれません。でも、今の自分の意識の枠や想像力を超えたものはイメージすらできないのです。

この本の執筆に関してもそうでした。

最初に大まかな枠組みや構想を練り、それぞれ担当に分かれて書くことにしました。各章のテーマや何について書くかもある程度決まっていたにもかかわらず、最初のうちは何をどのように書き出して良いのかを考えあぐねて、なかなか筆が進みませんでした。でも、数週間の苦悩の時をすごすと、徐々に思考がまとまり伝えたいことが溢れ出し、それらは膨大な量になっていきました。

ふたりが書いたものを合体させていくと、潜在意識の話だけでも四、五か所あったり、表現は違えど似たようなことを書いていたりしたので、今度はそれらを削ったり、統合したり、再度どのような順番に並べれば良いのかを何度も何度もシミュレーションしていきました。

この作業は脳が溶け出しそうなほどややこしく困難を極め、ふたりで何度も話し合いながら、最終的にようやく一つのかたちにまとめ上げることができました。

できたものを読み返してみると、最初のプロットで考えていたもの以上の、これもまた想像を超えたものになったと感じました。

人生では思いどおりにいかないことがよく起こります。でも、それは言い換えれば自分の想像を超えたことが起きているからだともいえます。

自我は予定どおり、想像どおり、想定内のことが起きると安心しますが、意識の進化成長を望む宇宙は常に想像以上の現実をわたしたちに与えてくれます。

3次元から5次元へ移行していく中で、これから世界は大きく変化していくでしょう。大変なことが起きるという予言や予測もたくさんあります。

でもそんな中で、「この先どうなるんだろう?」という心配は不要です。

なぜなら今の自分が想像できることはたかが知れているからです。常にわたしたちの意識は進化成長しています。そしてそれに伴い地球の波動も上がっています。だから何が起きてくるかは今の自分には決して想像できないのです。

僕（ぐるぐる）は過去生で、アメリカインディアン時代に生きていた記憶があります。少年だった僕は毎日、朝もやが立ち込める草原で、仲間たちといっしょに昇ってくる朝日を浴びながら、「今日はどんな恵みが宇宙から与えられるのだろう？　どんなすばらしい一日になるのだろう？」と本当にワクワクしながらその日の始まりを迎えていたことを鮮明に覚えています。

そのときの僕にとっては毎日がギフトで、宇宙はいつも想像以上の恵みを与えてくれることを心から知っていたようです。

そんな宇宙と共同創造していく生き方へ、わたしたちは今、回帰していこうとしています。

この地球にわざわざ降り立った魂の望みは、本来の自分に帰還していくこと。

長い転生の歴史の中で刷り込まれてしまった痛みや恐れや傷つきを、玉葱の皮のように一枚一枚剝がしていくと、中に溢れんばかりの輝きが充満していたことに気がつくことでしょう。

それが本当のあなた、本来のあなたです。

本来のあなたとなって、そのまばゆい光を広げながらこの地球で遊びましょう。
想定内の安心より、想定外の驚き、喜び、自由を選択していきましょう。

あなたにはいつも無数のパラレル、無限の可能性が開かれています。
そして、宇宙は常にあなたが今までの現実、パラレルを超えて、新しい世界へ飛び移ることを誘ってくれています。

きっと現実はこれからもあなたの想像を超えてきて、「ほら、びっくりしたでしょ？」と微笑んでくれることでしょう。そんな予想外を楽しみながら、これからの変化の波を乗り越えていきましょう。

ところで、この本の中にはちょっとしたサプライズがあります。本のカバーを外した表紙に、ある文字が書かれてあるのでご覧ください。

この文字は「そしじ」といって、「宗」「主」「神」を合わせたもので、「愛」「調和」「感謝」を表す非常にパワフルな文字です。

じっと眺めていると自分の中に柱や芯のようなものがスーッと通るのが感じられないでしょうか？　この文字はこれからわたしたちが己の中の神性と繫がり、自分の世界の創造主として主体的に生きる在り方をまさに表現してくれています。ぜひこの文字から放たれるエネルギーを感じてみてください。

最後になりましたが、長年わたしたちのブログを読んでくださっていた編集者のギブソン悦子様、出版のお声がけをくださって大変感謝しています。これも想定外の驚きと喜びでした！

そして、今回この本をわたしたちの自由に書かせてくださったヒカルランドの石井健資社長、さらにセッションやセミナーを通じてたくさんの魂の学びや気づきの場を共同創造してくださったクライアントの皆様にも心より感謝いたします。

皆様のこれからが想像以上の喜びに満たされることを願いながら、わたしたちもまた霊性進化の道をさらに邁進していきたいと思います。

２０２５年１月

ぐるぐる・よっつ

ぐるぐる
生まれる前の高次元世界の記憶を有し、３次元の分離があるこの世界とのギャップに苦しみながらも、幼少期より本当の自己、本来のあるべき世界を探求し始める。
内観、浄化を続ける中で、自身の魂が目覚める覚醒を経験し、ツインレイ、ソウルパートナーであるよっつとの出会いをきっかけに本格的にスピリチュアルな活動を開始。掘り下げをベースに起きる出来事の本質、魂的な意味を読み解くメソッドをよっつと共に確立し、のべ１万人以上の魂の目覚めと霊性進化をサポートしてきた。
クライアントの本質のエネルギーを読み取り、必要な方向性を示すリーディング能力、ハイヤーセルフやガイド、宇宙存在などのエネルギーやメッセージを降ろすヒーリング、チャネリング能力にも長けており、セッションで魂の目的や地球へ来た使命を思い出すクライアントも多数。宇宙連合、銀河連合との繋がりも深く、今回の地球のアセンション、そして地球迷子となってしまったスターシードやライトワーカーの目覚めに寄与するべく活動を続けている。著書に『地球ミッション』（日本文芸社）がある。

✷ブログ　アハハライフ魂《スピリット》（https://ameblo.jp/guruguru-shiawase/）

よっつ
幼少期からエネルギー世界と共鳴していたが、外界の雑多な波動の影響を受けすぎるため長く本当の自分を眠らせていた。何度かの目覚め体験を経て、商社に勤める傍らスピリチュアルな活動を開始。

ツインレイの夫との出会いをきっかけにセミナー、セッション、オンライン講座をはじめ、のべ１万人以上の目覚めとアセンションをサポートしてきた。

クライアントの本質を見抜き、進むべき方向性、必要な真理を伝える審神者的能力、自分軸の確立、浄霊能力、ヒーリング・リーディング能力に長ける一方、ガイアと共鳴する深い慈愛のエネルギーとクライアントを力強く後押しするエンパワーメント力を兼ね備えており、その導きを求めるクライアントが後を絶たない。

ファイガスト銀河クリスフィフ星出身、天の川銀河プレアデス、金星経由の魂。

✷ブログ　スピリチュアル・エレガンス（https://ameblo.jp/lib-yottsu/）

共に（株）アハハライフクリエイションズ代表
New Earth Visions（旧しあわせびより。）主宰　https://newearth-visions.com/
You Tube　ぐるぐるよっつ公式チャンネル　https://www.youtube.com/@guruguru-yottsu

ツインレイが導く霊性進化ナビゲーション

愛と調和の5次元地球へパラレルシフト

第一刷　2025年2月28日

著者　ぐるぐる・よっつ

発行人　石井健資

発行所　株式会社ヒカルランド
〒162-0821 東京都新宿区津久戸町3-11 TH1ビル6F
電話 03-6265-0852　ファックス 03-6265-0853
http://www.hikaruland.co.jp　info@hikaruland.co.jp

振替　00180-8-496587

本文・カバー・製本　中央精版印刷株式会社

DTP　株式会社キャップス

編集担当　ギブソン悦子

ISBN978-4-86742-465-0